近畿圏版② 使いやすい! 教えやすい! 家庭学習に最適の問題集!

追手門学院小学校
関西大学初等部

2023年度版 過去問題集

<問題集の効果的な使い方>
①お子さまの学習を始める前に、まずは保護者の方が「入試問題」の傾向や難しさを確認・把握します。その際、すべての「学習のポイント」にも目を通しましょう。
②入試に必要なさまざまな分野学習を先に行い、基礎学力を養ってください。
③学力の定着したら「過去問題」にチャレンジ!
④お子さまの得意・苦手が分かったら、さらに分野学習をすすめレベルアップを図りましょう!

合格のための問題集

追手門学院小学校

記憶	Jr・ウォッチャー 20「見る記憶・聴く記憶」
図形	Jr・ウォッチャー 3「パズル」
言語	Jr・ウォッチャー 17「言葉の音遊び」
口頭試問	新口頭試問・個別テスト問題集
行動観察	Jr・ウォッチャー 25「生活巧緻性」

関西大学初等部

お話の記憶	お話の記憶問題集　中級編
言語	Jr・ウォッチャー 18「いろいろな言葉」
常識	Jr・ウォッチャー 12「日常生活」
常識	Jr・ウォッチャー 56「マナーとルール」
推理	Jr・ウォッチャー 58「比較②」

●資料提供●

くま教育センター

ISBN978-4-7761-5446-4

C6037 ¥2300E

9784776154464

定価 2,530 円

(本体 2,300 円 + 税 10%)

1926037023005

日本学習図書 ニチガク

ニチガクの家庭学習支援

Web学習サポートサービス

こんなこと…ありませんか？

「ニチガクの問題集…買ったはいいけど､､､
この問題の教え方がわからない（汗）」

メールでお悩み解決します！

- ☆ ホームページ内の専用フォームで必要事項を入力！
- ☆ 教え方に困っているニチガクの問題を教えてください！
- ☆ 確認終了後、具体的な指導方法をメールでご返信！
- ☆ 全国どこでも！ スマホでも！ ぜひご活用ください！

＜質問回答例＞

学習のポイント

推理分野の学習では、後の学習に活きる思考力を養うことができます。ご家庭で指導する場合にも、テクニックにたよらず、保護者の方が先に基本的な考え方を理解した上で、お子さまによく考えさせることを大切にして指導してください。

Q.「お子さまによく考えさせることを大切にして指導してください」と学習のポイントにありますが、考える習慣をつけさせるためには、具体的にどのようにしたらいいですか？

A. お子さまが考える時間を持てるように、質問の仕方と、タイミングに工夫をしてみてください。
たとえば、「答えはあっているけど、どうやってその答えを見つけたの」「答えは○○なんだけど、どうしてだと思う？」という感じです。はじめのうちは、「必ず 30 秒考えてから手を動かす」などのルールを決める方法もおすすめです。

まずは、ホームページへアクセスしてください!!

http://www.nichigaku.jp　日本学習図書　検索

目指せ！合格！

家庭学習ガイド
追手門学院小学校

ペーパー　行動観察　運動　個別テスト　巧緻性　保護者面接

入試情報

応募者数：男女 179 名
出題形態：ペーパーテスト、個別テスト（ノンペーパー）
面　　接：保護者
出題領域：ペーパーテスト（見る記憶、数量、推理、言語など）、
個別テスト（お話の記憶、常識、数量、図形、推理など）、
運動、行動観察、巧緻性（ひも結び、筆記用具の持ち方、箸使い）

入試対策

入試は実施時期以外は例年と変更なく行われました。当校の入学試験は、姿勢（気をつけ、休め、椅子の座り方）、返事、ひも結び、筆記用具や箸の持ち方など、基本的な生活習慣が観られる問題が例年出題されています。これらは試験課題として学習するものではなく、日常生活の中で身に付けておくべきものです。当校が家庭での躾やお子さまとの関係を重要視しているので、ペーパーテストの対策だけでなく、幅広い対策が必要となります。

●個別テストでは「お話の記憶」の問題が例年出題されています。また、「常識」「数量」「図形」「推理」などの問題がペーパーテストとは異なる方法で出題されます。

●ペーパーテストは、多分野（見る記憶、数量、推理、言語など）から出題されます。基礎的な力を計る問題が多いので、落ち着いてケアレスミスのないようにしてください。

●「運動」「行動観察」「巧緻性」の分野では、身体能力や器用さ以上に、協調性や生活習慣、取り組みの姿勢が評価の対象となっています。指示も細かくされるので、日頃からきちんと人の話を聞けるように心がけてください。

「追手門学院小学校」について

＜合格のためのアドバイス＞

当校の考査で大きな観点となっているのは日常生活の中で、自然と身に付いてほしい「姿勢」です。説明会で実演される「振る舞い」についての課題は顕著ですが、ペーペーテストに加えて個別テストも実施されるということからもうかがえます。自分の考えを自分の言葉で伝えるためには、経験や実体験を伴ったより深い理解が必要とされます。言葉も数もマナーもすべて生活の中にあるものです。机の上での学習だけでなく、子育ての過程において、お子さまに何を経験させるかを意識しましょう。

特に前述した個別テストで出題される正しい姿勢や返事については、試験のために訓練するのではなく、日常生活で、正しく振る舞えるようにしなければ意味がありません。繰り返しますが、入学試験全体を通して言えることとして、保護者のしっかりとした教育観に基づいた躾やお子さまの感性の豊かさを重要視しているということです。ペーパーテストでも見る記憶、数量、推理、言語など幅広い分野から出題されていますので、バランスのよい学習と基礎学力の定着は必要です。机上の学習を計画的に取り組みながらも、お子さまの感性・知的好奇心を育むよう指導されることをおすすめします。面接は10～15分程度で、父親には「お子さまにどのような力を身に付けてほしいか」など、母親には「家庭での約束事」「食事のマナーで気を付けていること」など、それぞれに異なる質問がされています。

〈2022年度選考〉

◆保護者面接（考査日前に実施）
◆個別テスト（考査日午前）：お話の記憶、常識、数量、図形、推理など
◆ペーパーテスト（考査日午後）：見る記憶、数量、推理、言語など
◆運動・行動観察（考査日午後）：
◆巧緻性（考査日午後）：ひも結び、箸使いなど

◇過去の応募状況

2022年度	男女 179名
2021年度	男女 188名
2020年度	男女 196名

入試のチェックポイント

◇受験番号は…「当日抽選」
◇生まれ月の考慮…「あり」

〈本書掲載分以外の過去問題〉

◆記憶：絵を覚えて、その絵の内容について口頭で答える。[2016年度]
◆数量：赤・青・黄のブロックを使った計数・加算・減算。[2015年度]
◆推理：扇風機を4方向から見た時のそれぞれの見え方。[2015年度]
◆常識：絵の中で1つだけ季節の違うものを指さす。[2015年度]
◆図形：左側の形を真ん中の線で右側にパタンと倒した時の形を書く。[2013年度]
◆図形：選択肢がすべて見本と同じかどうかを観察する。[2013年度]

目指せ！合格！

家庭学習ガイド
関西大学初等部

ペーパー　行動観察　親子面接

入試情報

応募者数：男女139名
出題形態：ペーパーテスト
面　　接：保護者・志願者
出題領域：ペーパーテスト（常識、言語、推理、図形、数量など）、行動観察

入試対策

2021年度入試（2020年に実施）は、例年通り考察日前に保護者・志願者同時に15分程度の面接を行い、9月18日にペーパーテストと行動観察を行うという形で実施されました。ペーパーテスト（試験時間45分程度）の内容は、「常識、言語、推理、図形、数量」など広範囲に渡ります。幅広い分野を学習し、当校独特の出題にも対応できる対策が必要でしょう。
行動観察もグループの人数を少なくした以外は、大きな変更はなく、簡単な指示行動と巧緻性を試すといった内容です。

●試験時間に対して問題数が多く、スピードと正確さが要求されます。家庭学習の際も解答時間を制限するなどの工夫をしてください。

●面接は12年間の一貫教育に関する質問です。例えば、進学のこと、学園全体に対することなども聞かれるので、事前の情報収集は必須です。また、15分程度の面接時間の中で、志願者への質問が約2/3を占めました。

●常識分野、言語分野において、当校独特の難問が出題されます。生活に密着した問題なので、ふだんから保護者の方が意識して日常の暮らしの中に学習を取り入れていきましょう。

「関西大学初等部」について

〈合格のためのアドバイス〉

ペーパーテストでは、例年通り、カラープリントや電子黒板を使用した出題が行われました。常識、言語、推理、図形、数量など、広範囲に渡る分野から出題されました。当校の特徴を一言で言えば、「生活の中の学習」となります。難問と呼べる出題もありますが、たいていの問題は、日頃から目にしたり耳にしたりするものから出題されています。日常生活において身に付けたものが、そのまま入試対策につながるのだと考えましょう。

また、ただ身に付けるのではなく、そのことをどのように利用するのかという「応用力」も必要になってきます。

行動観察では、ほかのお子さまと協力して課題に取り組む、決められたルールを守る、ほかのお子さまを積極的に遊びに誘う、といった社会性や協調性を観る自由遊びや集団制作が中心です。入学後の集団生活がスムーズに行えるかどうかが観点と言えるでしょう。

面接においては、以前から、一貫教育に関連した、将来に関する質問が多くされてれています。進学や教育方針など家庭内ですり合わせておく必要があるので、事前によく相談しておいてください。また、近年の特徴として、志願者への質問が7割近くを占め、お子さまの回答に対する背景であったり、理由をたずねられることもあります。面接対策としてだけではなく、ふだんの会話の中でも、そういった質問に対応できるようなコミュニケーションを心がけましょう。

〈2022年度選考〉

◆保護者・志願者面接（考査日前に実施）
◆ペーパーテスト：常識、言語、推理、図形など
◆行動観察：自由遊び、集団制作（お絵かき）

◇過去の応募状況

2022年度	男女139名
2021年度	男女119名
2020年度	男女123名

入試のチェックポイント

◇受験番号は…「願書提出順」
◇生まれ月の考慮…「あり」

〈本書掲載分以外の過去問題〉

◆図形：正しいサイコロの展開図はどれか。［2017年度］
◆常識：昔話を順番通りに並べる。［2017年度］
◆推理：クロスワードに当てはまる絵を選ぶ。［2016年度］
◆系列：空いているところに入る形を考える。［2015年度］
◆制作：グループで紙の洋服を作る。［2014年度］
◆数量：アメを動物たちに同じ数ずつ分ける。［2013年度］

(得) 先輩ママたちの声！

◆実際に受験をされた方からのアドバイスです。
ぜひ参考にしてください。

追手門学院小学校

・受験当日まで楽しく勉強に取り組むことが大事だと思いました。

・知能テスト、運動テストだけでなく、生活習慣や態度も評価されるので、家庭の役割が重要だと感じます。

・思っていたよりもお昼休みが長く（約２時間）、子どもがあきないように持っていった迷路の本が役に立ちました。

・個別テストでは見る記憶、数量、巧緻性の問題が出題されます。特に巧緻性の問題は何年も同じものが出題されています。

・規則正しい生活を送ること、お手伝いを徹底して行わせることを大切にして、勉強をしました。

関西大学初等部

・問題に写真やカラーイラストが使われているので、慣れておく必要があると感じました。

・ペーパーテストは、５色（赤、青、黄、緑、黒）のクーピーペンを使用しました。試験時間は45分程度で、試験の一部に電子黒板を使用したようです。訂正の印は＝（２本線）を使用します。

・面接では、志願者への質問の答えに対して「それはどうしてですか」という補足の質問が多かったです。質問は志願者によって異なるようです。

・ペーパーテストの内容は基本から応用まで幅広く出題され、行動観察は指示が聞けているかなどもあわせて観られているようでした。

追手門学院小学校
関西大学初等部
過去問題集

〈はじめに〉

現在、少子化が叫ばれているにもかかわらず、私立・国立小学校の入学試験には一定の応募者があります。入試は、ただやみくもに学習するだけでは成果を得ることはできません。志望校の過去における出題傾向を研究・把握した上で、練習を進めていくこと、その上で試験までに志願者の不得意分野を克服していくことが必須条件です。そこで、本問題集は小学校を受験される方々に、志望校の出題傾向をより詳しく知って頂くために、過去に遡り出題頻度の高い問題を結集いたしました。最新のデータを含む精選された過去問題集で実力をお付けください。

また、志望校の選択には弊社発行の「**2023年度版　近畿圏・愛知県　国立・私立小学校　進学のてびき**」をぜひ参考になさってください。

〈本書ご使用方法〉

◆出題者は出題前に一度問題を通読し、出題内容などを把握した上で、〈**準　備**〉の欄に表記してあるものを用意してから始めてください。

◆お子さまに絵の頁を渡し、出題者が問題文を読む形式で出題してください。問題を読んだ後で、絵の頁を渡す問題もありますのでご注意ください。

◆「**分野**」は、問題の分野を表しています。弊社の問題集の分野に対応していますので、復習の際の目安にお役立てください。

◆一部の描画や工作、常識等の問題については、解答が省略されているものがあります。お子さまの答えが成り立つか、出題者が各自でご判断ください。

◆〈**時　間**〉につきましては、目安とお考えください。

◆［**〇年度**］は、問題の出題年度です。［**2022年度**］は、「2021年の秋から冬にかけて行われた2022年度入学志望者向けの考査で出題された問題」という意味です。

◆**学習のポイント**は、指導の際にご参考にしてください。

◆【**おすすめ問題集**】は各問題の基礎力養成や実力アップにお役立てください。

〈本書ご使用にあたっての注意点〉

◆文中に**この問題の絵は縦に使用してください。**と記載してある問題の絵は縦にしてお使いください。

◆〈**準　備**〉の欄で、クレヨンと表記してある場合は12色程度のものを、画用紙と表記してある場合は白い画用紙をご用意ください。

◆文中に**この問題の絵はありません。**と記載してある問題には絵の頁がありませんので、ご注意ください。なお、問題の絵の右上にある番号が連番でなくても、中央下の頁番号が連番の場合は落丁ではありません。

下記一覧表の●が付いている問題は絵がありません。

問題1	問題2	問題3	問題4	問題5	問題6	問題7	問題8	問題9	問題10
●	●								
問題11	問題12	問題13	問題14	問題15	問題16	問題17	問題18	問題19	問題20
	●	●	●						
問題21	問題22	問題23	問題24	問題25	問題26	問題27	問題28	問題29	問題30
		●	●						
問題31	問題32	問題33	問題34	問題35	問題36	問題37	問題38	問題39	問題40
						●	●		
問題41	問題42	問題43	問題44	問題45	問題46	問題47	問題48	問題49	問題50
									●

〈追手門学院小学校〉

※問題を始める前に、本書冒頭の「本書ご使用方法」「本書ご使用にあたっての注意点」をご覧ください。
※本校の考査は鉛筆を使用します。間違えた場合は×で訂正し、正しい答えを書くよう指導してください。

**保護者の方は、別紙の「家庭学習ガイド」「合格のためのアドバイス」を先にお読みください。
当校の対策および学習を進めていく上で役立つ内容です。ぜひご覧ください。**

2022年度の最新問題

問題1　分野：面接（保護者面接）

〈準備〉　この問題の絵はありません。

〈問題〉　出願時に面接日時の指定あり、試験日以前に行われる。先生は２～３名。

父親への質問
・自己紹介と本校への志望動機（母親へも同様）
・子どもと本校の方針の合う点
・コロナ禍において、家庭での子どもとの過ごし方（母親へも同様）
・家庭教育におけるしつけについて
・小・中・高・大学出身校（母親へも同様）
・仕事における理念
・ご自身の小学校時代は、どのような子どもであったか
・将来、お子さんには、どのような大人になってほしいか
・説明会、公開授業について、印象に残っていること（母親へも同様）
・休日の子どもとの過ごし方
・当校を卒業の場合、在学時の担任の先生のお名前（母親へも同様）
・当校を卒業の場合、在学中、一番印象に残っていること
・なぜ、兄姉と同じ学校を志願しないのか（兄姉の進学先が本校でない場合）

母親への質問
・通学経路
・家庭教育で大事にしていること
・仕事をしている場合、子どもへの対応、日中の連絡方法はどうしているか
・年長になって成長したところ
・ご自身が子どもになったと仮定し、本校に入学後、６年間でやってみたいこと
・発熱や何かあったときの子どものお迎えについて
・兄弟姉妹がいる場合、兄弟同士で過ごしているときの様子
・お子さんの長所と短所
・食事のマナーについて気をつけていること
・家族での記念日の有無とその過ごし方
・私学受験を考えた時期
・本校の教育方針について

〈時間〉　15分

問題2　分野：お話の記憶（口頭試問）

〈準備〉　なし

〈問題〉　**この問題の絵はありません。**

（出題の前に質問があります）

・今日は、誰と来ましたか。

・今からお話をしますから、良く聞いて質問に答えてください。

今日は、家族で遠足の日です。お母さんは、朝からみんなの好きなお弁当を作ってくれました。ブロッコリーのチーズ炒め、卵焼き、タコさんの形をしたウインナー、鶏の唐揚げ、おにぎりの入ったお弁当を持ち、お父さんが運転する自動車に乗って、動物園へ向かって出発です。動物園に着くと、ヒロシ君は、いちばん見たかったパンダを最初に見ました。次に見たのは、ライオンです。ライオンは、気持ちよさそうに日陰で寝ていました。動物園内のあちらこちらにきれいなヒマワリの花が咲いていました。お姉さんは、ヒマワリと同じ色の半袖のTシャツ、ジーンズの長ズボン、スニーカーを履いています。ヒロシ君は、半ズボン、しましまのTシャツ、帽子をかぶり、スニーカーを履いています。おかあさんが「お昼にしましょう」と言って、動物園の中にある公園で、おいしそうなお弁当を広げました。それぞれがいちばん多く食べたものは、ヒロシ君は唐揚げを４個、お父さんはブロッコリーを５個、お姉さんは卵焼きを３切れ、お母さんは唐揚げを３個でした。ヒロシ君はお腹がいっぱいになり、卵焼きは１切れも食べることができませんでした。とても広い動物園なので、全部見ることはできませんでした。帰りの車の中では、ヒロシ君やお姉さんは、ぐっすり寝てしまいました。

①お姉さんは、どのような服を着ていましたか。お話してください。

②おかずの中で、いちばん多く食べられたものは何でしたか。お話してください。

③ヒロシ君が一つも食べなかったものは、何でしたか。お話してください。

④このお話の季節はいつですか。お話してください。どうしてそう思うのですか。

〈時間〉　１分

問題3　分野：数量（加減算）

〈準備〉　鉛筆

〈問題〉　絵を見てください。いろいろな絵が描いてあります。絵をよく見て答えてください。

①メロンはいくつありますか。

②バナナンとメロンを合わせると何個になるでしょうか。

③モモとメロンではどちらが何個多いでしょうか。

④ミカンを10個にするには、あと何個あればよいでしょうか。

⑤バナナとメロンをそれぞおれ1個ずつ皿にのせるには、皿は何枚必要でしょうか。

〈時間〉　２分

問題4　分野：図形（展開図形）

〈準備〉　なし

〈問題〉　折り紙を三角形になるように一回折り、点線のところを切ってから、もう一度広げたとき、どのような形になるでしょうか。絵の中から選んで、お口で答えてください。

〈時間〉　1分

問題5　分野：図形（構成）

〈準備〉　はさみ

〈問題〉　5－1の左側の四角形をはさみで切り離して渡す。右側の大きい四角形もハサミで切り離し、点線のところを切って、三角形を2枚作っておく。
①ここにある折り紙を三角形になるように2回折って開きます。折り線のところを切って、三角形を4枚作ってください。
②（①で用意しておいた三角形2枚を渡す）この2枚の三角形といま作った4枚の三角形を使って、この形の上に、はみ出さないようにしてはめてください。

〈時間〉　2分

問題6　分野：言語（推理・クイズ）

〈準備〉　なし

〈問題〉　いまから3つヒントを言いますので、それは何なのか当ててください。
①誕生日、ろうそく、甘いもの。それは何でしょうか。当ててください。
②外側は緑色、切ると赤色、その中に黒い小さなものが入っています。それは何でしょうか。
③（「ミカン」の絵を見せる）これが何かわかるように3つのヒントを出してください。
④（「トマト」の絵を見せる）これが何かわかるように3つのヒントを出してください。

〈時間〉　各2分

問題7　分野：推理（ブラックボックス）

〈準備〉　なし

〈問題〉　上のお約束の絵を見てください。それぞれトンネルを通ると数や品物が変わって出てきます。では、下の絵を見てください。それぞれ何がいくつになって出てくるでしょうか。答えてください。

〈時間〉　3分

問題8　分野：記憶（見る記憶）

〈準備〉　鉛筆

〈問題〉　問題8-1の絵を見て覚えてください。
（問題8-2の絵を渡す）では、いま見た絵で、黒い部分には、何が描いてありましたか。右から探して○をつけてください。

〈時間〉　1分30秒

問題9　分野：分野数量（数と形の構成）

〈準備〉　鉛筆

〈問題〉　左側の積み木の数と、同じ数で同じ形にするには、右側にある積み木のどれとどれを組み合わせればよいでしょうか。その形に、○をつけてください。

〈時間〉　2分

問題10　分野：数量（比較・シーソー）

〈準備〉　鉛筆

〈問題〉　①この中でいちばん重いものを右から選んで○をつけてください。
②この中で2番目に重いものを右から選んで○をつけてください。

〈時間〉　1分

問題11　分野：言語（しりとり）

〈準備〉　鉛筆

〈問題〉　それぞれの段で、絵は、ばらばらになっていますが、しりとりをしましょう。
①いちばん上の段でしりとりをしたときに、最後につながる絵に○をつけてください。
②上から2段目でしりとりをしたときに、2番目につながる絵に○をつけてください。
③下の段でしりとりをしたときに、いちばん始めにくる絵に○をつけてください。

〈時間〉　30秒

家庭学習のコツ①　「先輩ママのアドバイス」を読みましょう！

本書冒頭の「先輩ママのアドバイス」には、実際に試験を経験された方の貴重なお話が掲載されています。対策学習への取り組み方だけでなく、試験場の雰囲気や会場での過ごし方、お子さまの健康管理、家庭学習の方法など、さまざまなことがらについてのアドバイスもあります。先輩ママの体験談、アドバイスに学び、ステップアップを図りましょう！

問題12　分野：巧緻性（箸使い）

〈準備〉　箸、コップ（積み木が入る程度の大きさの器）、積み木（箸でつかめる程度のものであればよい）

〈問題〉　**この問題の絵はありません。**
ここにある積み木を、箸を使ってコップの中に移してください。終わったら、箸は、元のところへ置いてください。

〈時間〉　1分

問題13　分野：行動観察（巧緻性：紐結び・忍耐）

〈準備〉　子ども用の椅子、背もたれをひと回りして蝶結びができる長さのひも

〈問題〉　**この問題の絵はありません。**
①このひもで椅子の背もたれに蝶結びをしてください。おわったら、休めの姿勢をして待っていてください。
②この椅子に座って、「はい」というまで、目を閉じて座っていてください。足は床につけ、手はお膝の上に置きましょう。

〈時間〉　3分

問題14　分野：運動（運動機能検査・行動観察）

〈準備〉　ボール、4拍子の曲

〈問題〉　**この問題の絵はありません。**
数人で行う。
①自分の番号が呼ばらたら、「はい」と言って、手を上に上げてください。
②「気をつけ」「休め」の合図に合わせて、その通りに動いてください。そのとき、他のひとは、体操座りで待っていてください。
③音楽に合わせて、その場所で行進をしてください。
④片足を上げたまま、ボールを上に上げます。ボールを上に上げたときに、手を1回叩いて、ボールを取ってください。これを3回繰り返しやってください。失敗したら、その場で待っていてください。ボールは、こちらで取って渡します。
⑤ジャンプをします。ジャンプをしながら、2回手を叩いてください。

〈時間〉　3分

家庭学習のコツ②　「家庭学習ガイド」はママの味方！

問題演習を始める前に、試験の概要をまとめた「家庭学習ガイド（本書カラーページに掲載）」を読みましょう。「家庭学習ガイド」には、応募者数や試験課目の詳細のほか、学習を進める上で重要な情報が掲載されています。それらの情報で入試の傾向をつかみ、学習の方針を立ててから、対策学習を始めてください。

2021年度の過去問題

問題15　分野：見る記憶

〈準備〉　鉛筆

〈問題〉　（問題15-2の絵を裏返しにして渡す）
これから絵を見てもらいます。しっかりと見て何が描いてあるのか覚えておいてください。
（問題15-1の絵を30秒間見せた後、裏返しにして、問題15-2の絵を表にする）

今見た絵で描かれていたものに○をつけてください。

〈時間〉　60秒

［2021年度出題］

問題16　分野：数量（比較）

〈準備〉　鉛筆

〈問題〉　スイカの絵があります。それぞれの段で2番目に多い数を見つけて、○をつけてください。

〈時間〉　各15秒

［2021年度出題］

問題17　分野：図形（重ね図形）

〈準備〉　鉛筆

〈問題〉　それぞれの段で透明の紙に描かれた左の2枚の紙を重ねると、右の絵のどれになりますか。○をつけてください。

〈時間〉　各15秒

［2021年度出題］

問題18　分野：言語（言葉の音）

〈準備〉　鉛筆

〈問題〉　左側の絵の生き物の名前の最後の文字を合わせると、右側の絵のどの生き物の名前になりますか。○をつけてください。

〈時間〉　各15秒

［2021年度出題］

問題19　分野：個別テスト・口頭試問（お話の記憶）

〈準 備〉　なし

〈問 題〉　これからするお話をよく聞いて、後の質問に答えてください。

学校から帰ってきた花ちゃんは、お母さんから「夕ご飯はカレーライスにするから、ニンジンとタマネギとジャガイモとお肉を買ってきてちょうだい。カレーのルーはお家にあるから、買わなくていいわ」と、おつかいを頼まれました。花ちゃんはバスに乗って、スーパーに行き、言われたものを買いました。スーパーを出たところで、おばあちゃんに会いました。「花ちゃん、１人でおつかいにきたの？　えらいわね、ご褒美に、お洋服を買ってあげましょう」と褒められたので、いっしょにに近くの洋服屋さんに行きました。「これがいい」と言って花ちゃんが選んだのは、長袖の袖が縞模様で、胴が横縞のＴシャツでした。その帰り道、花ちゃんはおばあちゃんといっしょに公園に寄って、ブランコで遊びました。それから家に帰って、お母さんのお手伝いをしました。お手伝いをしてできた夕ご飯のカレーライスは、いつもよりおいしいな、と、花ちゃんは思いました。

①スーパーに行くために、花ちゃんが乗った乗り物は何ですか。指さしてください。
②スーパーで買わなかったものは何ですか。指さしてください。
③どの服を買いましたか。指さしてください。
④公園では何をして遊びましたか。指さしてください。

〈時 間〉　各15秒

［2021年度出題］

問題20　分野：個別テスト・口頭試問（複合）

〈準 備〉　あらかじめ問題20の絵を指定の色で塗っておく。

〈問 題〉　この絵を見てください。
①赤の〇はいくつありますか。
②緑色の〇と黄色の△を合わせるといくつになりますか。
③緑色の〇と赤の□の数は、いくつ違いますか。
④□を10個にするには、あといくついりますか。

〈時 間〉　各15秒

［2021年度出題］

問題21　分野：個別テスト・口頭試問（図形）

〈準 備〉　なし

〈問 題〉　この絵を見て、正しいと思うものを指さして答えてください。
①左の見本を矢印の方向に１回まわすと、右の絵のどれになりますか。
②左の見本を矢印の方向に２回まわすと、右の絵のどれになりますか。

〈時 間〉　各15秒

［2021年度出題］

問題22　分野：個別テスト・口頭試問（常識）

〈準備〉　なし

〈問題〉　（問題22の絵を見せる）
この絵を見てください。
縦と横の約束を考えて、真ん中に当てはまるものは右側の絵のどれですか。正しいと思うものを指さして答えてください。

〈時間〉　各15秒

[2021年度出題]

問題23　分野：運動

〈準備〉　ボール、傘、段ボール箱、コーン２個。コーンは10メートル程度離して置き、片方にスタートの線を引いておく。

〈問題〉　**この問題の絵はありません。**
①号令に合わせて、「気をつけ」と「休め」をしてください。
グループごとに行います。ほかのグループは後ろを向いて三角座り（体育座り）で待っていてください。
②先生の号令に合わせて、その場で行進してください。その場ですること。
③これから見せるものと動きを覚えてください。「ボール」を見せたら「ダッシュ」してください。「傘」を見せたら、「カニ歩き」で歩いてください。「段ボール箱」を見せたら、「両手を羽ばたかせながら速歩き」で歩いてください。「初め」の合図でスタートし、反対側のコーンについたらタッチして向きを変え、動きを続けてください。「やめ」の合図がかかったら、その場で立ち止まって動きをやめましょう。

〈時間〉　５分

[2021年度出題]

問題24　分野：巧緻性

〈準備〉　お皿、小さめの積み木（ブロックなどでも可）、割り箸、大きめのコップ、画用紙（お箸を置く位置にお箸の絵を描いておく）、背付きの椅子、ひも

〈問題〉　**この問題の絵はありません。**
①お皿の上にある積み木を割り箸でコップの中に入れてください。コップや、お皿を手で持ってはいけません。「やめ」と言われたら、机の上のお箸の絵が描いてある場所に割り箸を置き、静かに待っていてください。
②椅子の上にひもが置いてあります。そのひもを使って、椅子の背もたれのところでちょうちょ結びをしてください。結び終わったら、椅子の横で休めの姿勢で待っていてください。
③床に足をつけ、手をひざの上に置き、目を閉じて椅子に座っていてください。「やめ」と言われるまで、その姿勢を保ってください。

〈時間〉　①３分　②２分　③１分

[2021年度出題]

日本学習図書株式会社

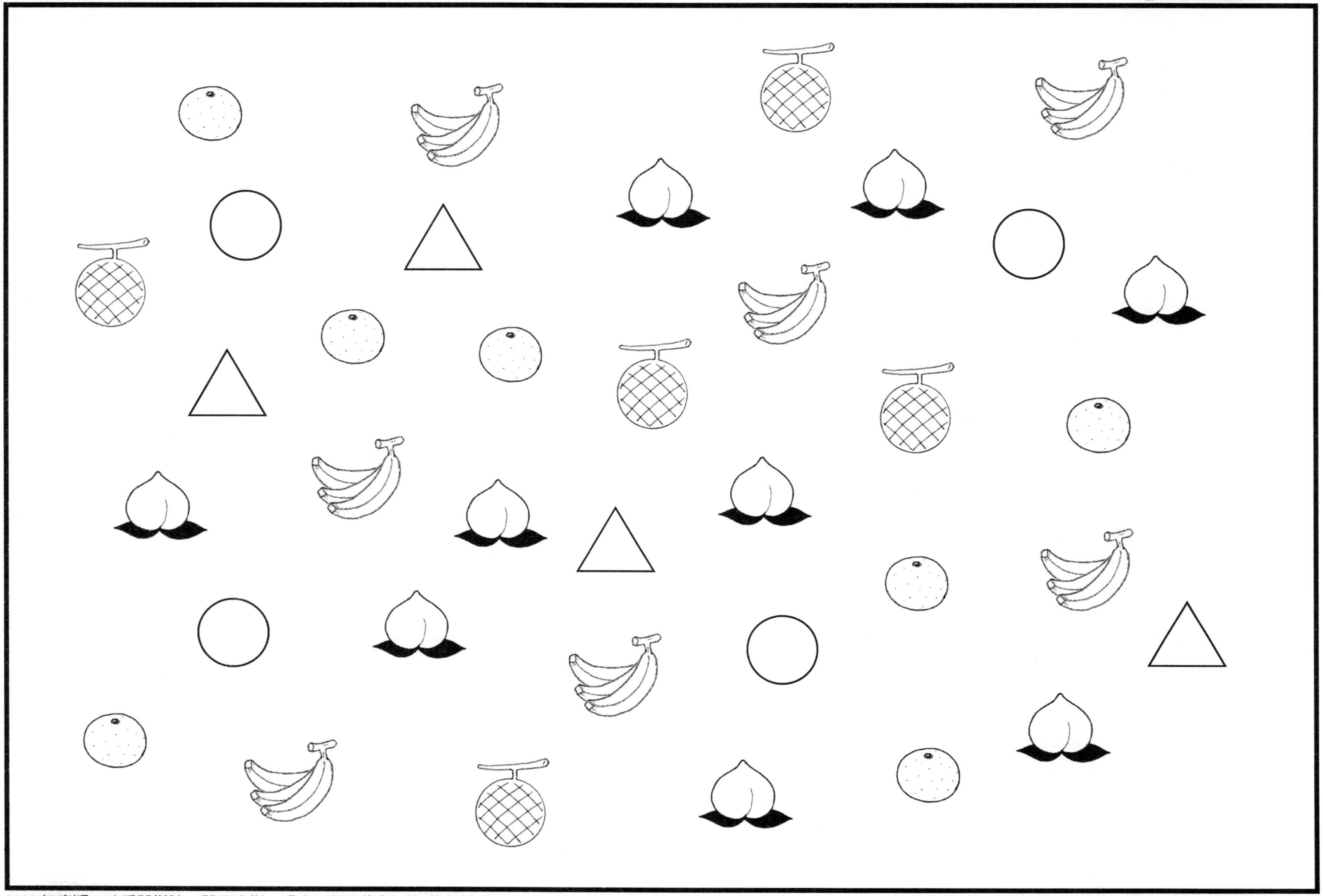

☆追手門学院小学校

2023 年度版　追手門学院・関西大学　過去　無断複製／転載を禁ずる　日本学習図書株式会社

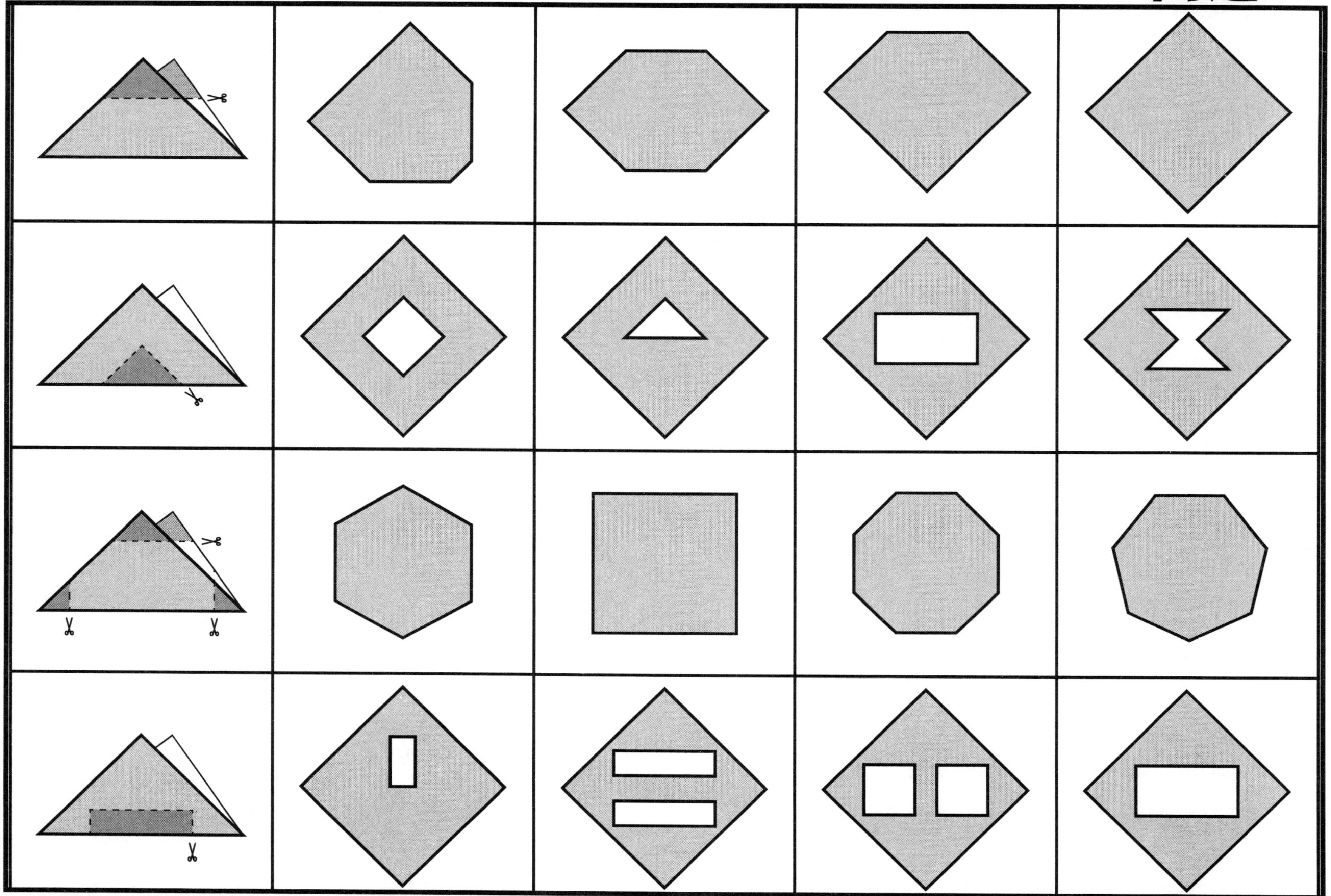

問題5－1

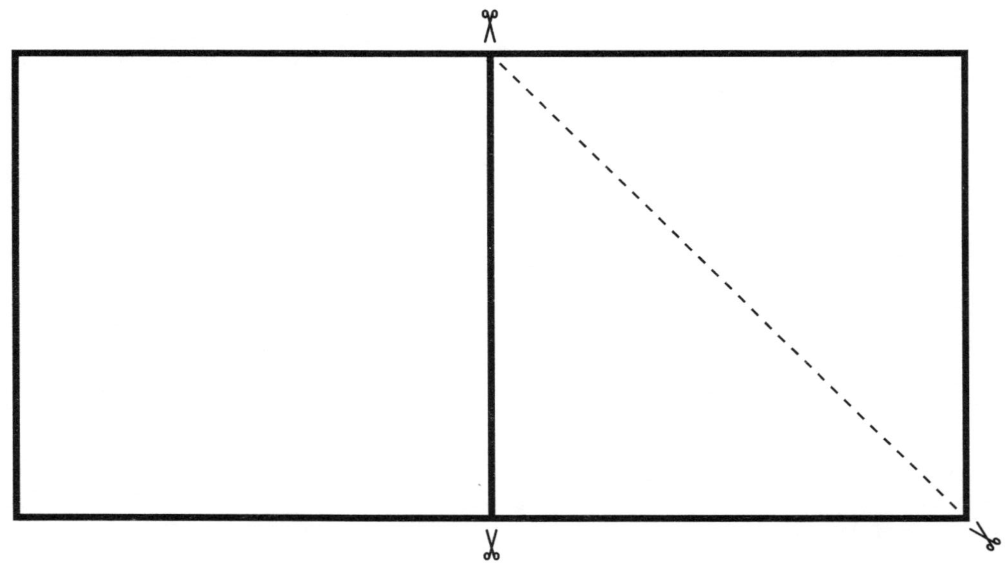

問題5－2

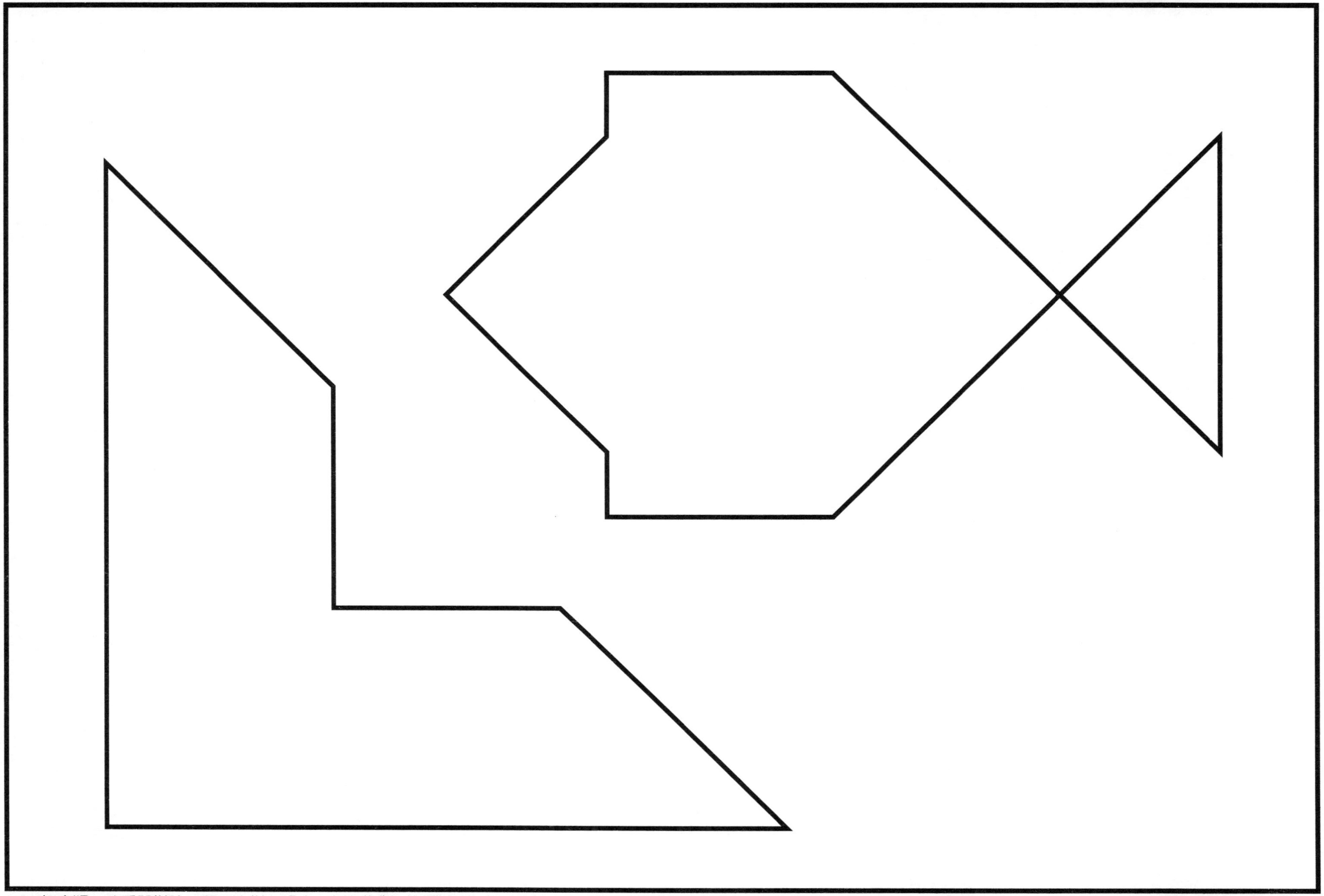

☆追手門学院小学校

2023 年度版　追手門学院・関西大学　過去　無断複製／転載を禁ずる　　日本学習図書株式会社

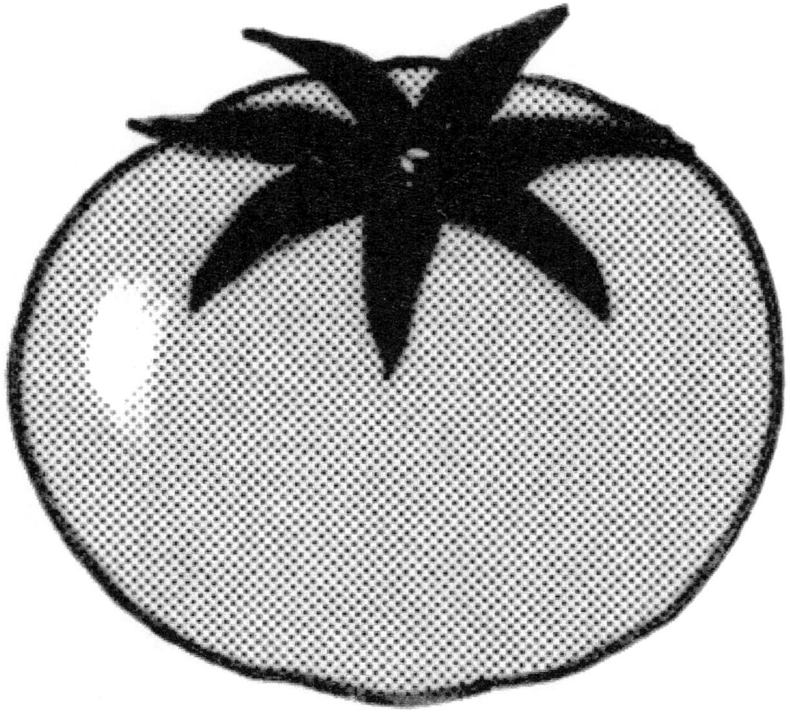

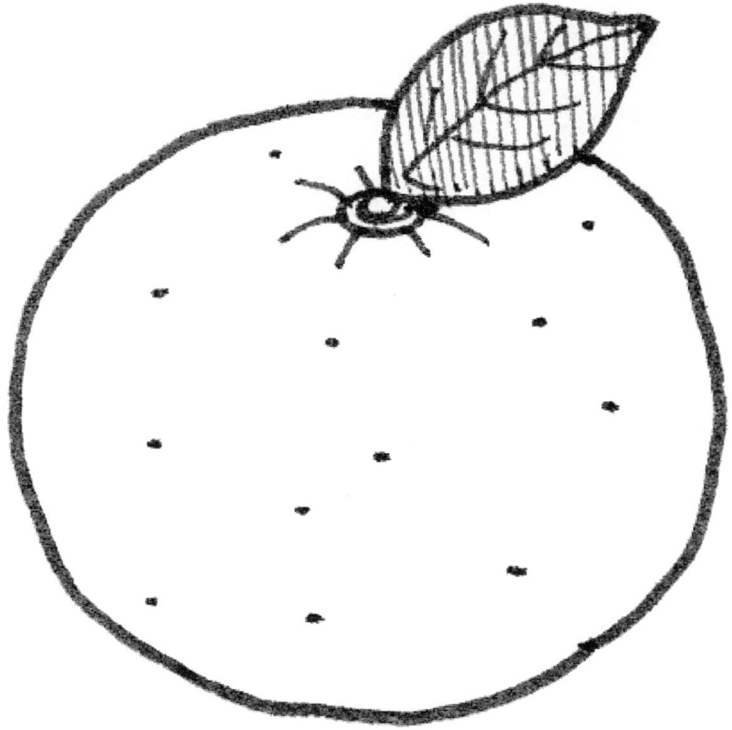

☆追手門学院小学校

2023 年度版　追手門学院・関西大学　過去　無断複製／転載を禁ずる　日本学習図書株式会社

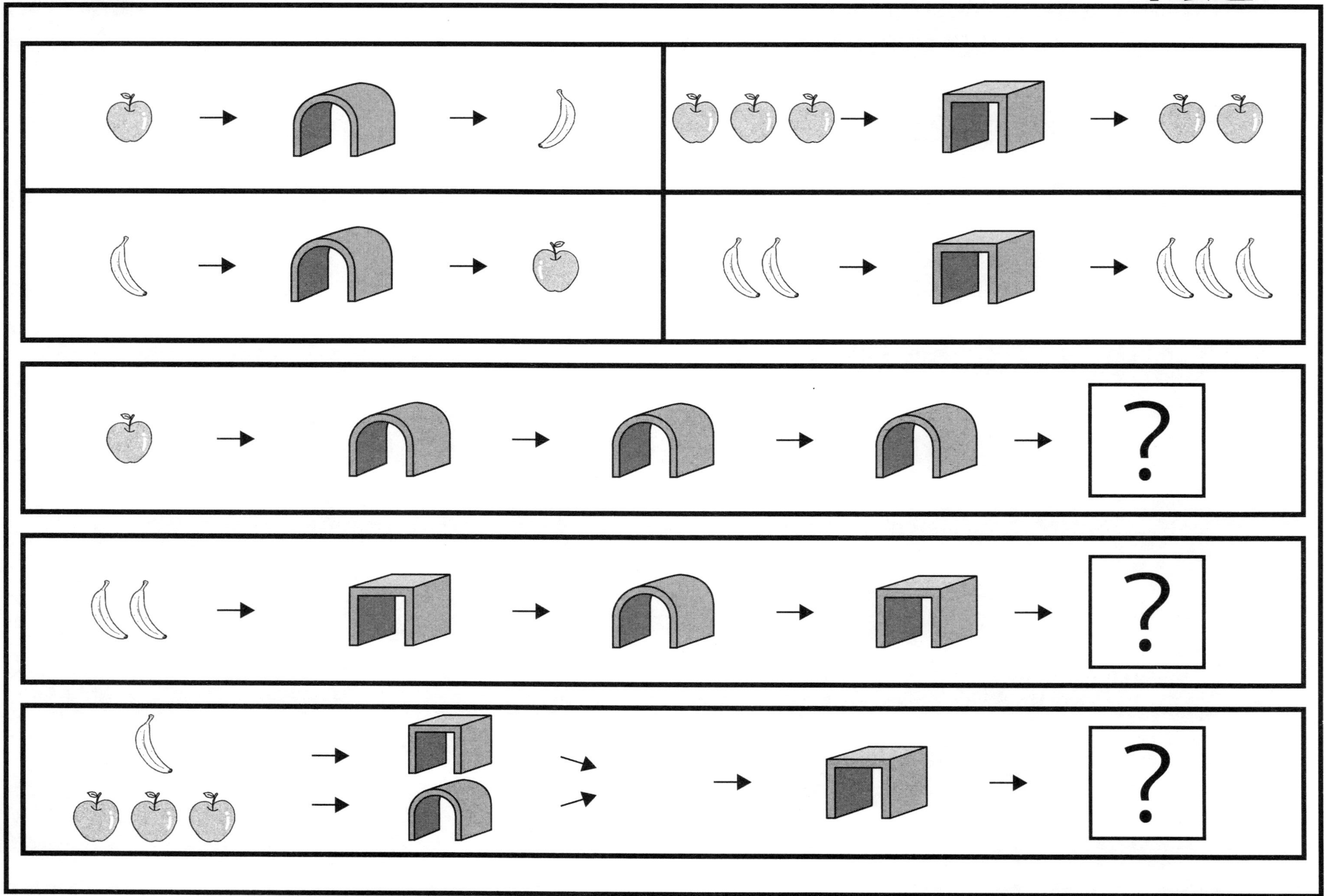

問題8－1

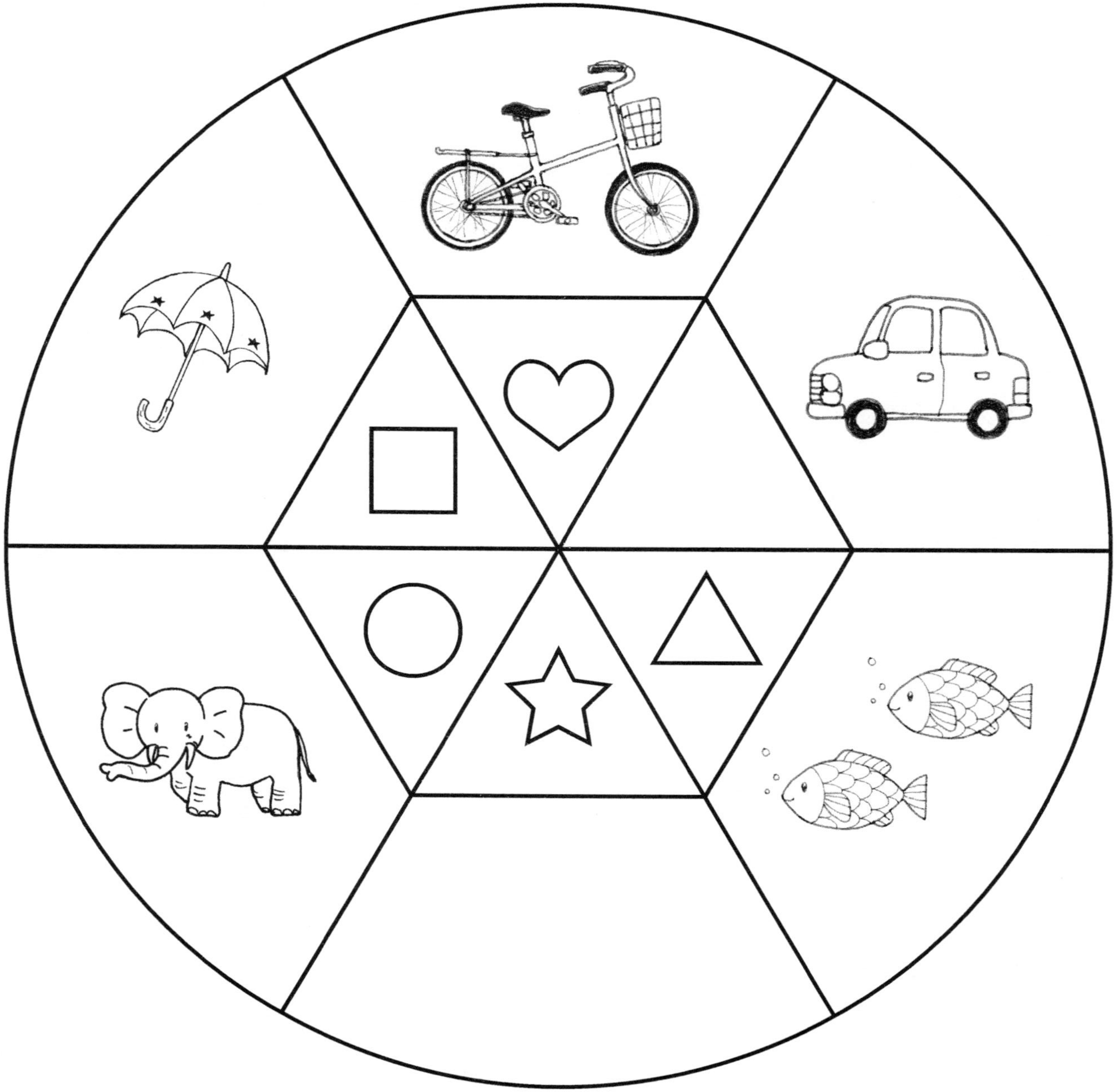

問題８－２

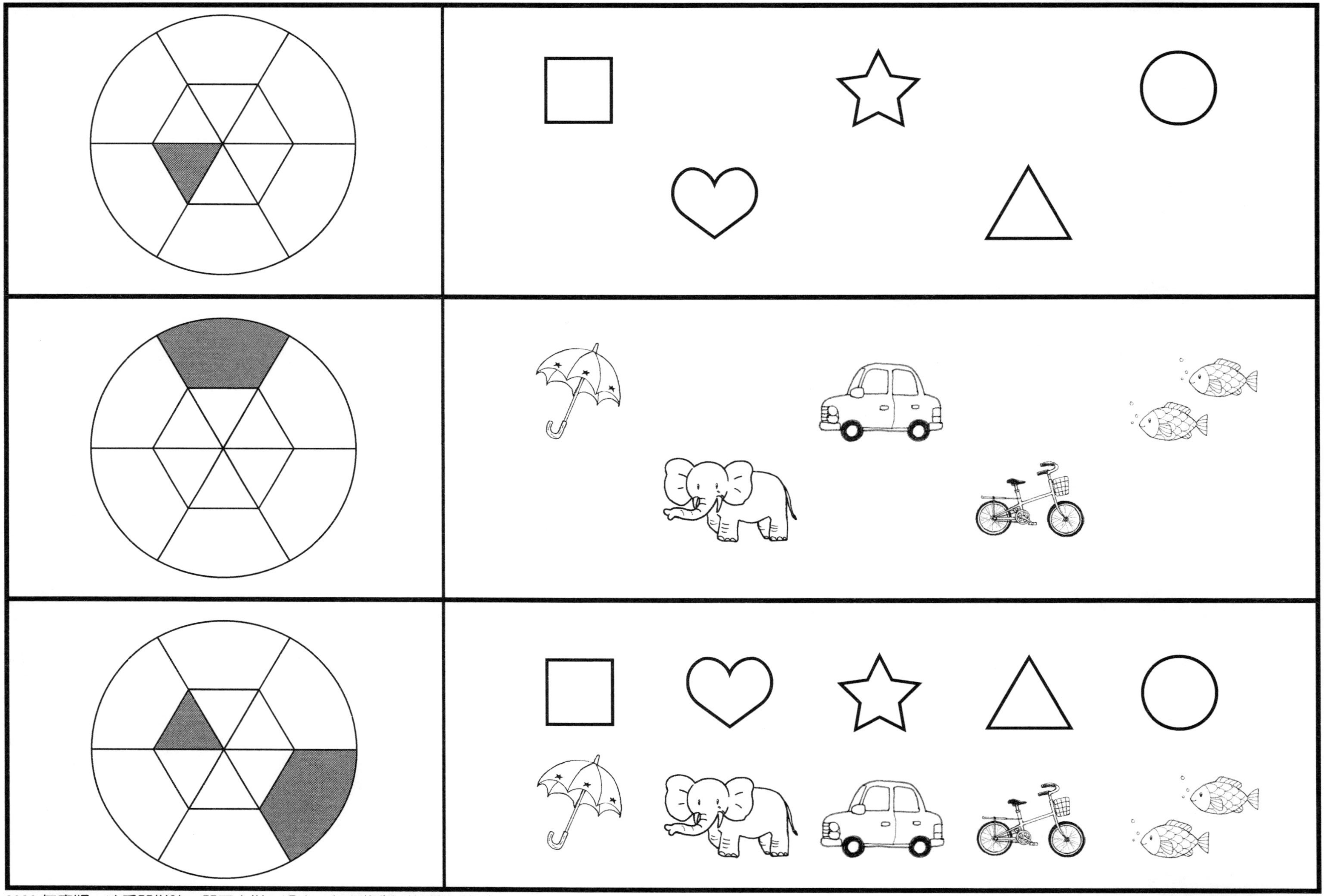

日本学習図書株式会社

☆追手門学院小学校

2023 年度版　追手門学院・関西大学　過去　無断複製/転載を禁ずる　日本学習図書株式会社

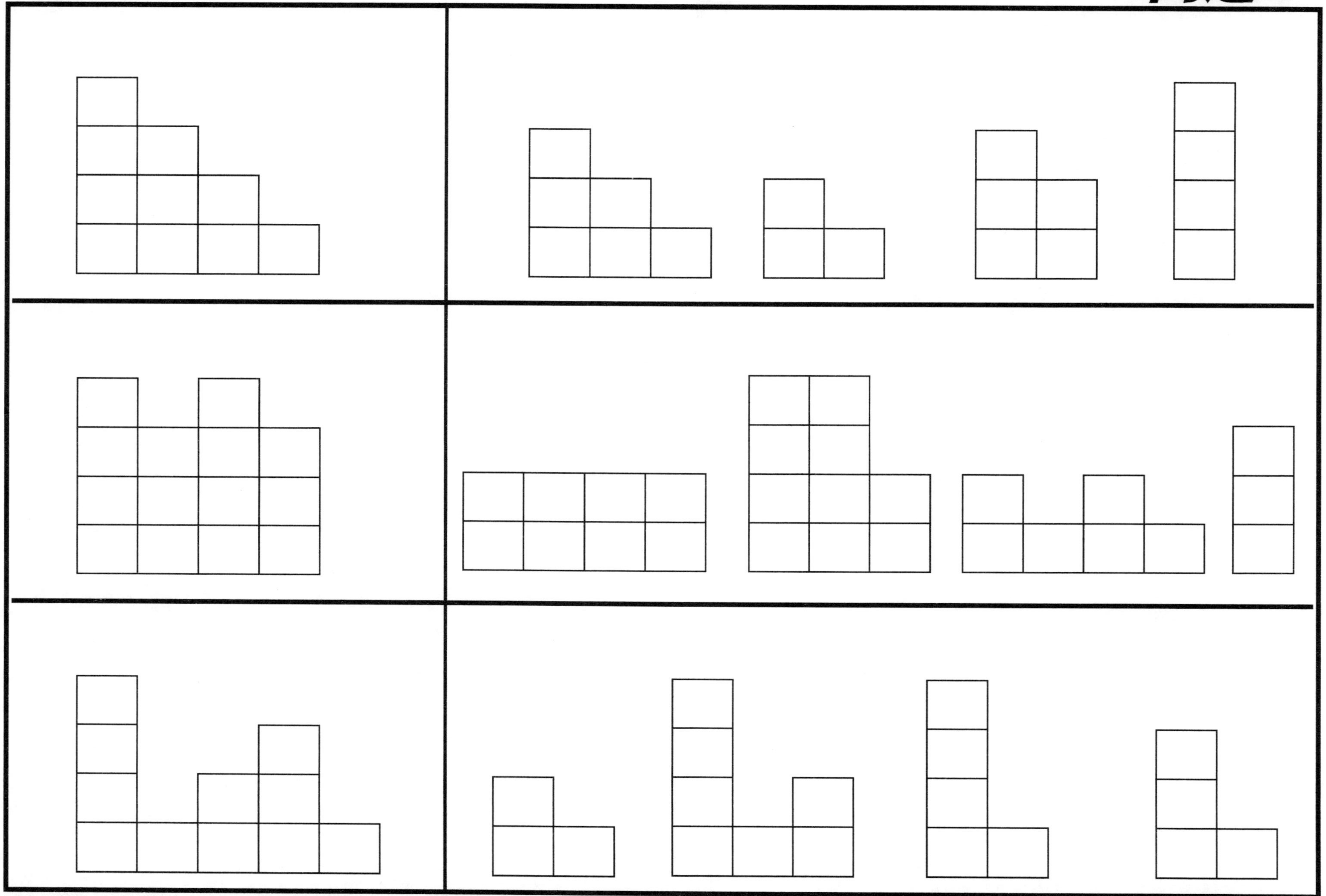

日本学習図書株式会社

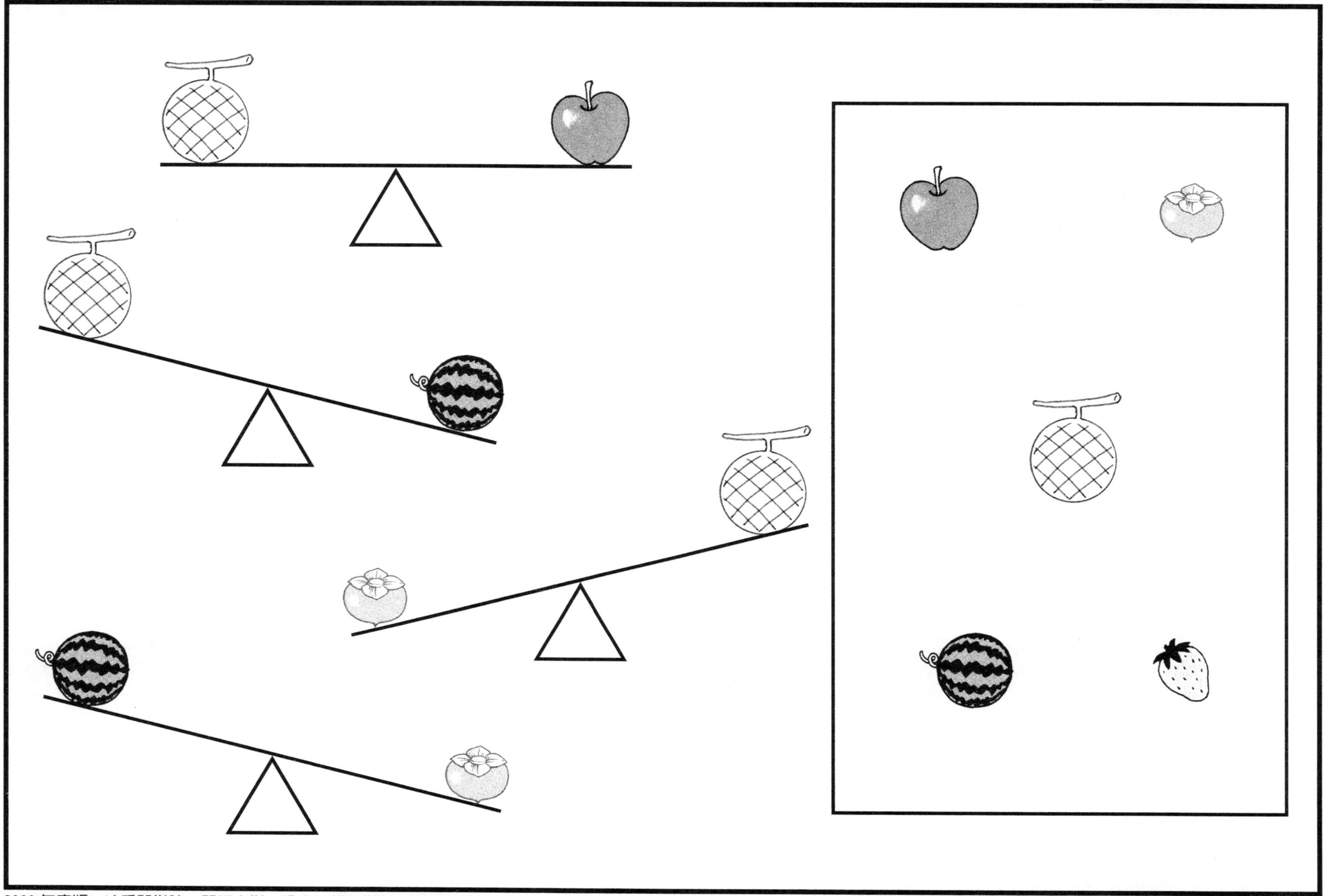

①

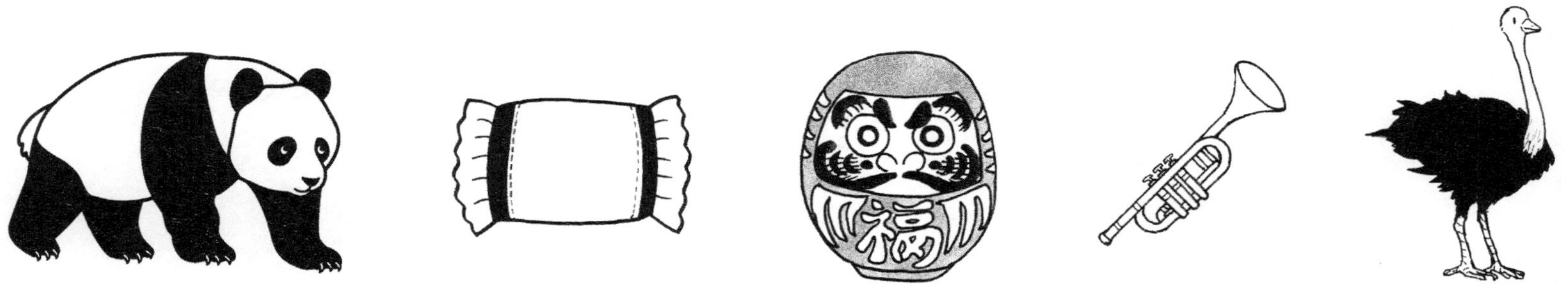

②

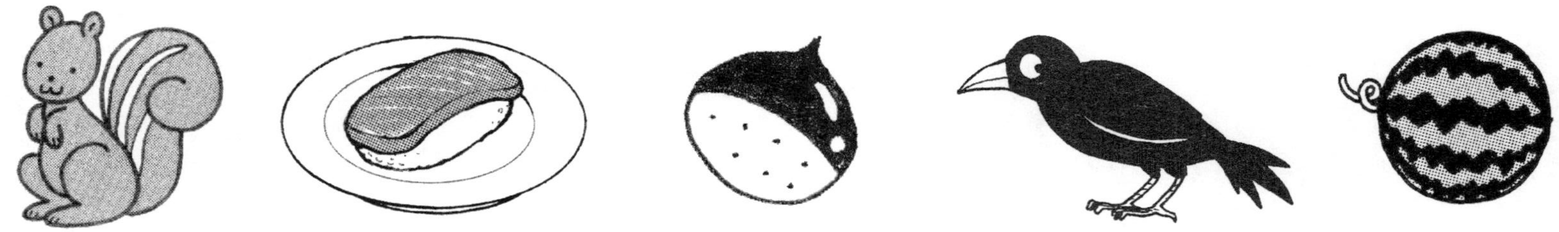

③

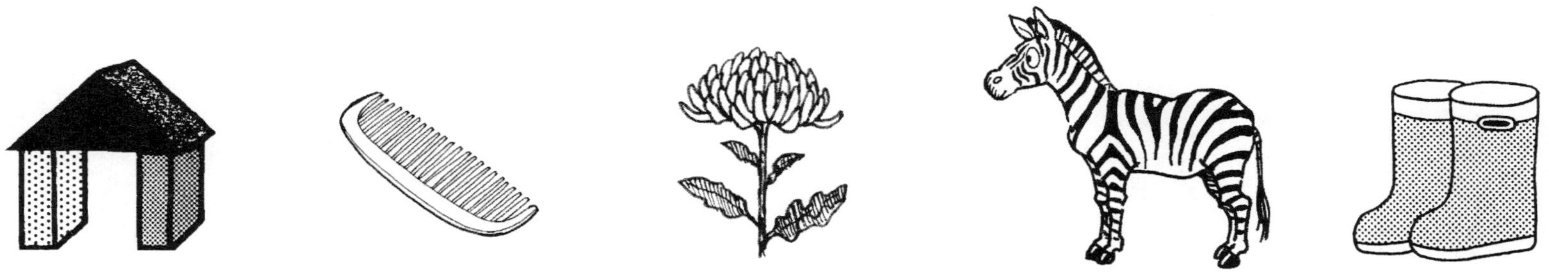

問題15－1

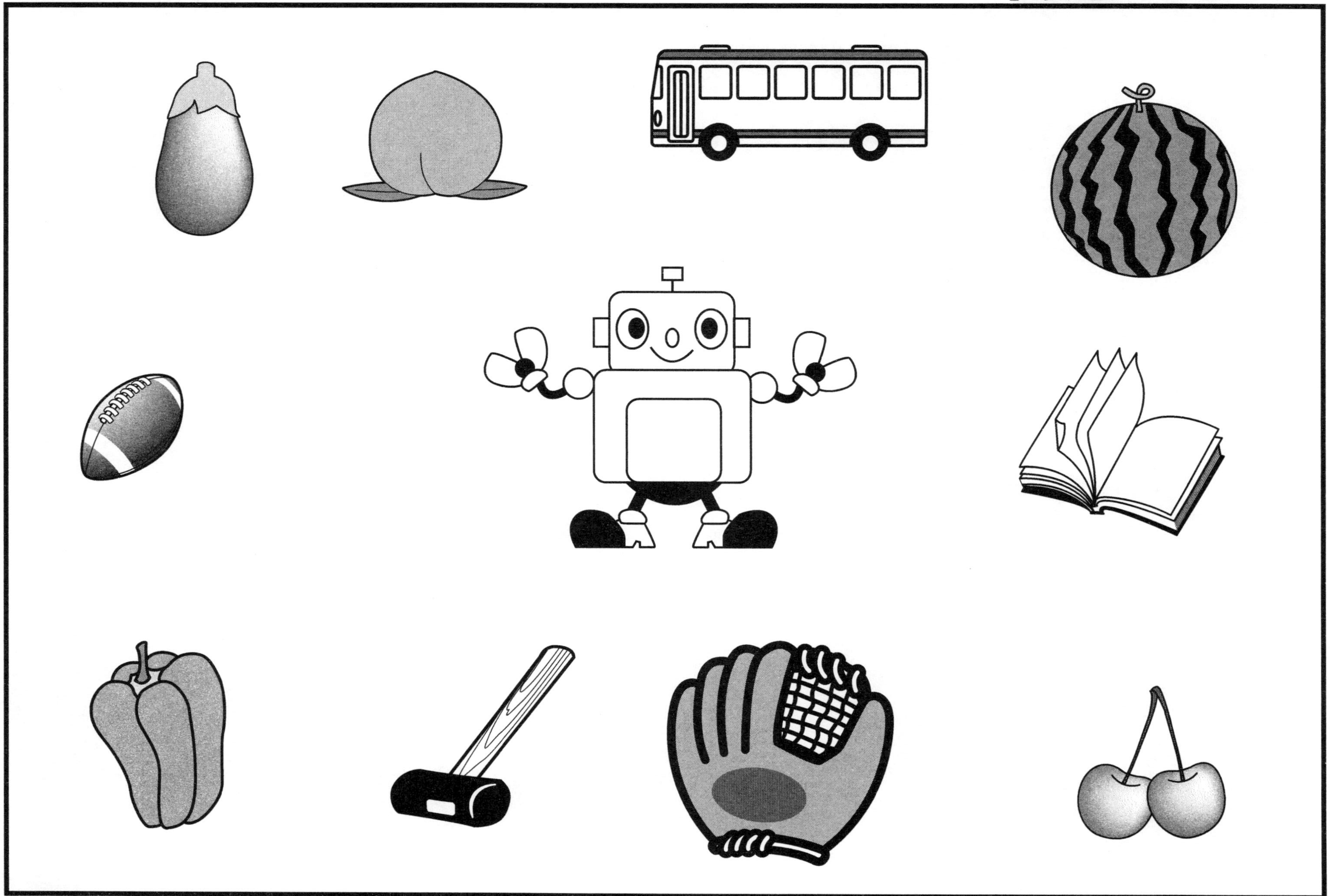

日本学習図書株式会社

☆追手門学院小学校

2023 年度版　追手門学院・関西大学　過去　無断複製／転載を禁ずる　日本学習図書株式会社

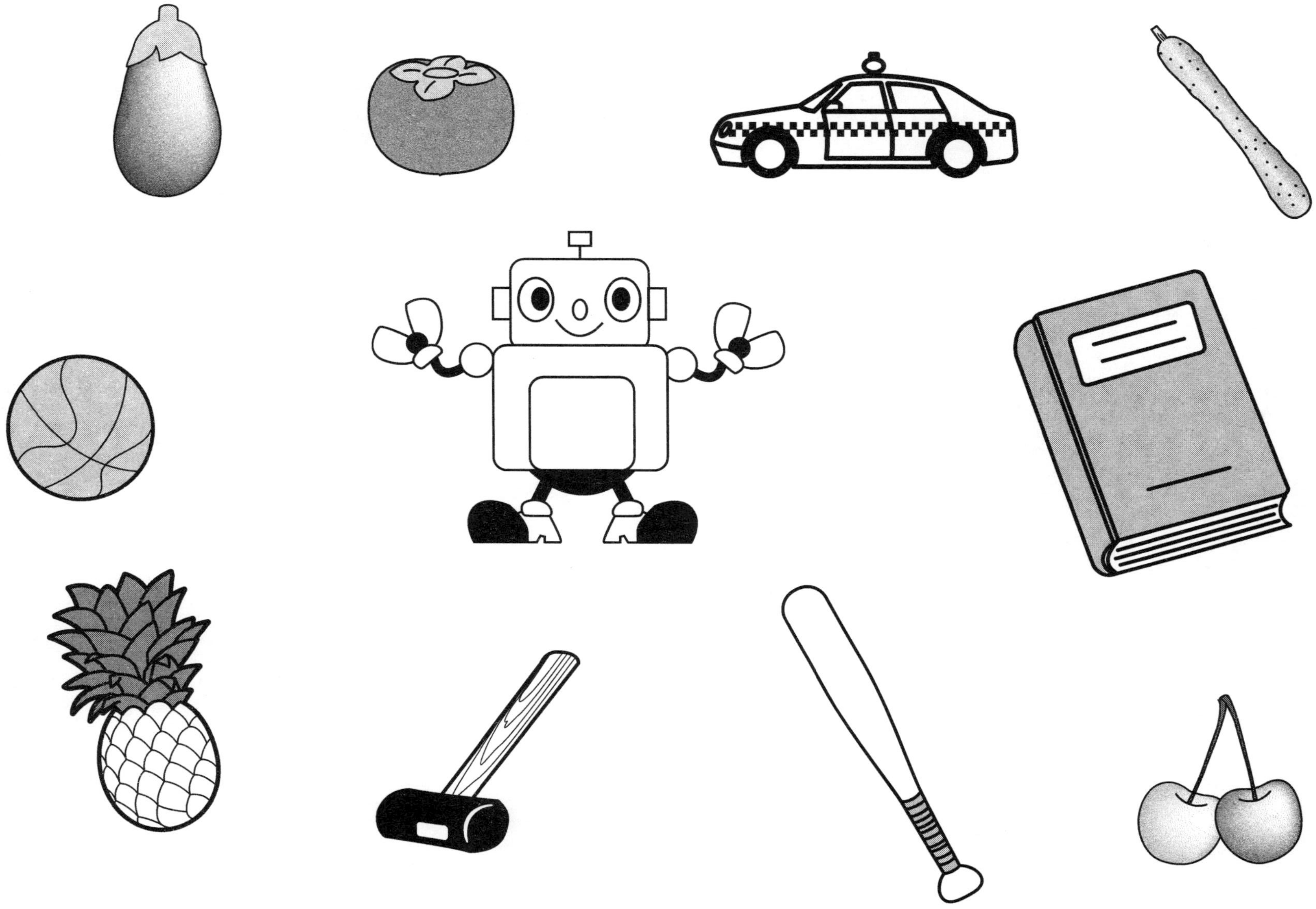

☆追手門学院小学校

問題１６

①

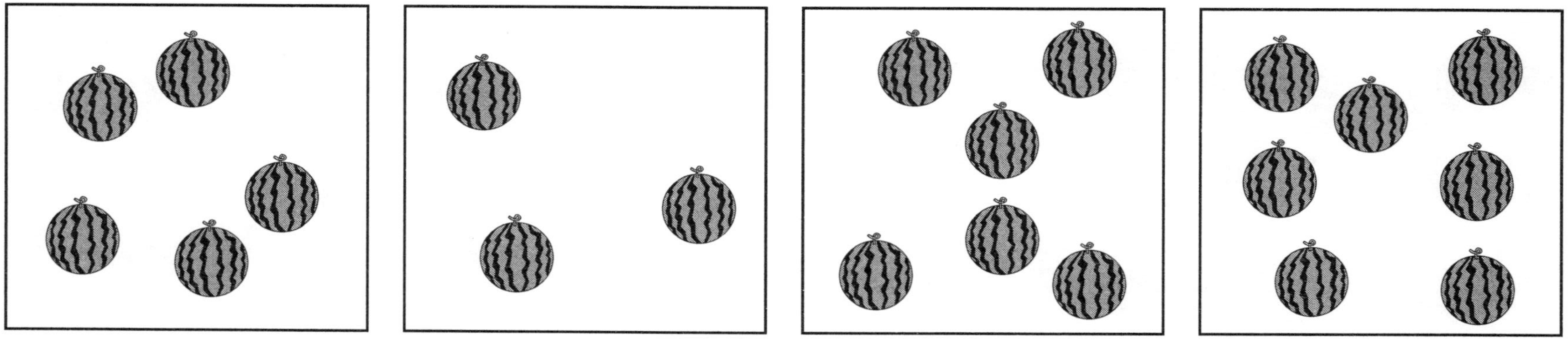

②

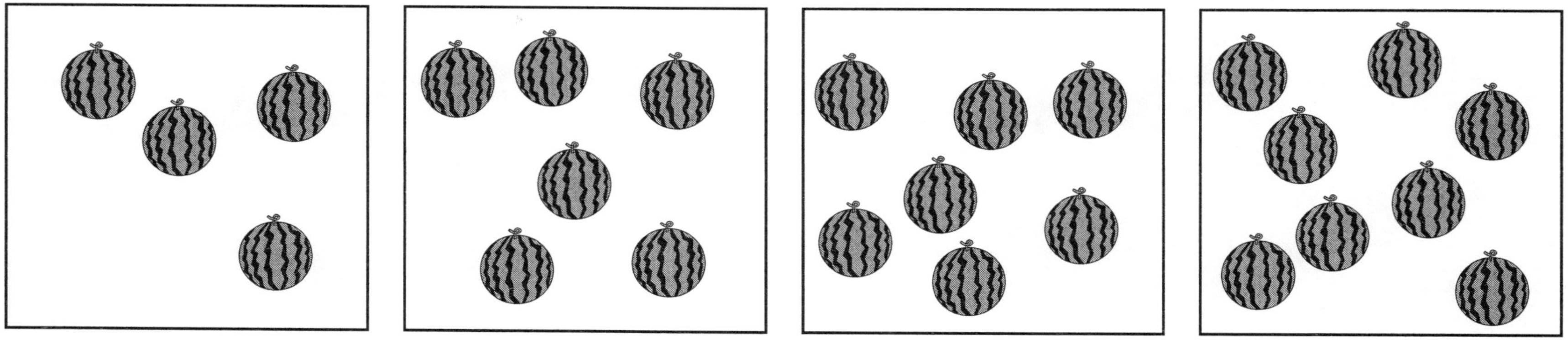

③

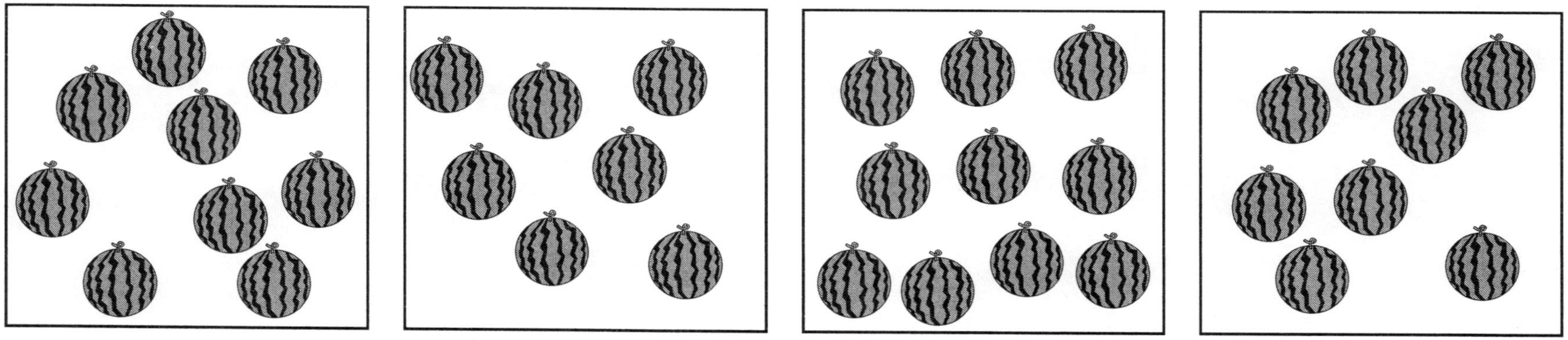

☆追手門学院小学校

問題１７

①

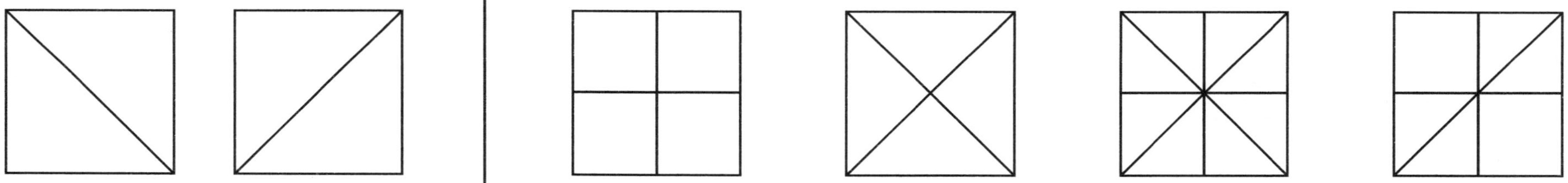

②

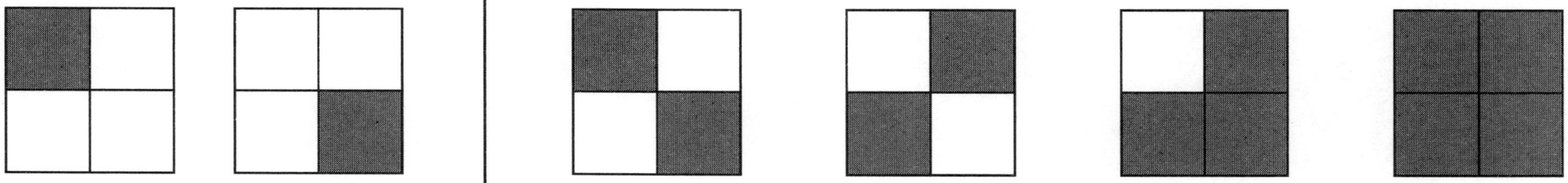

③

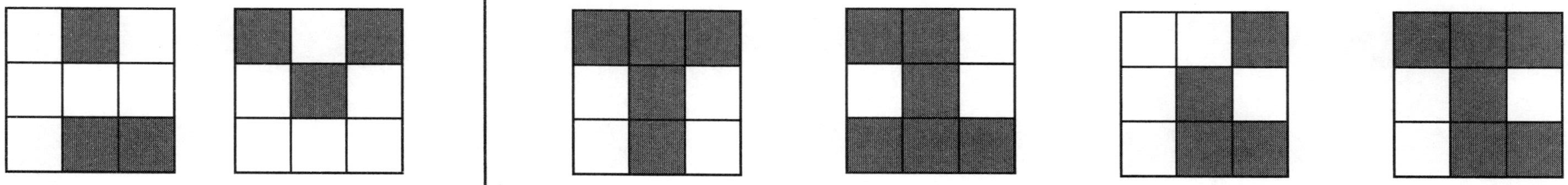

問題18

①

②

☆追手門学院小学校

問題１９

①

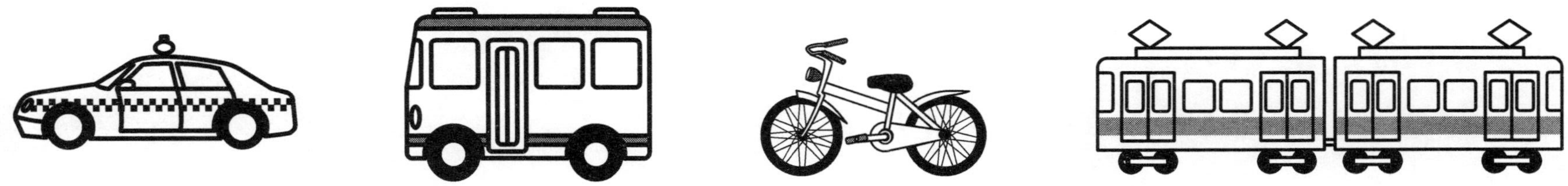

②

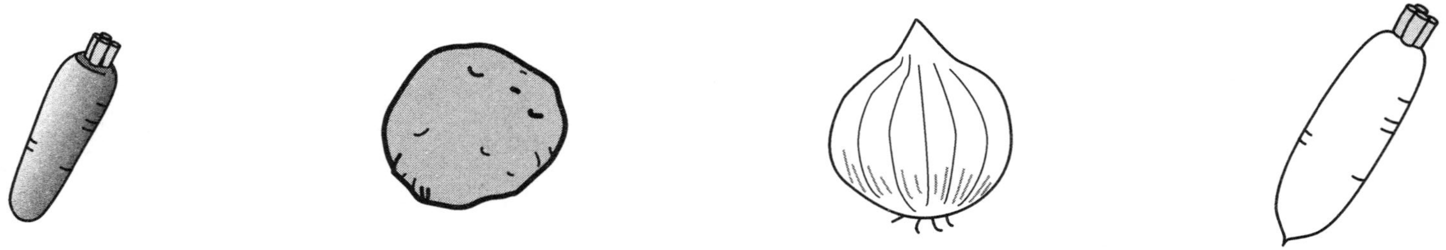

③

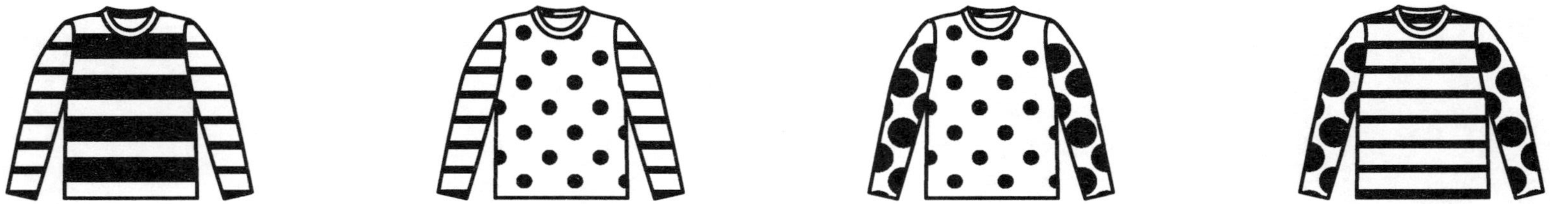

④

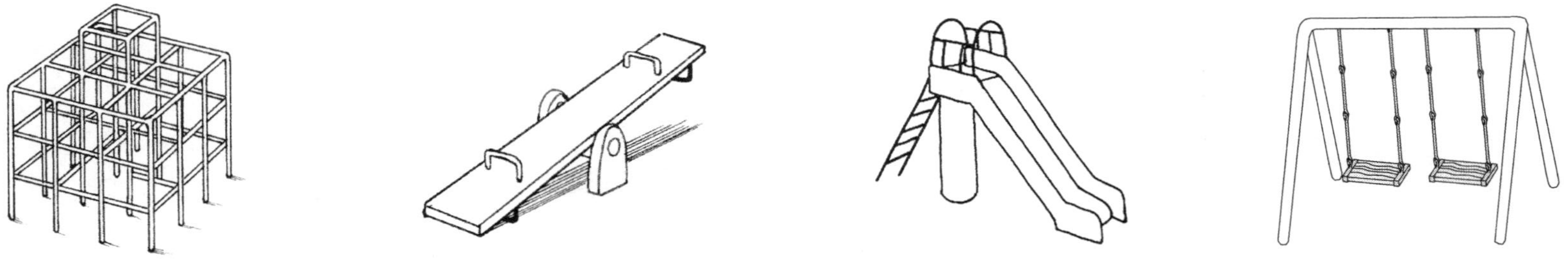

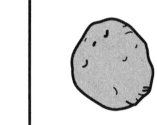

問題２０

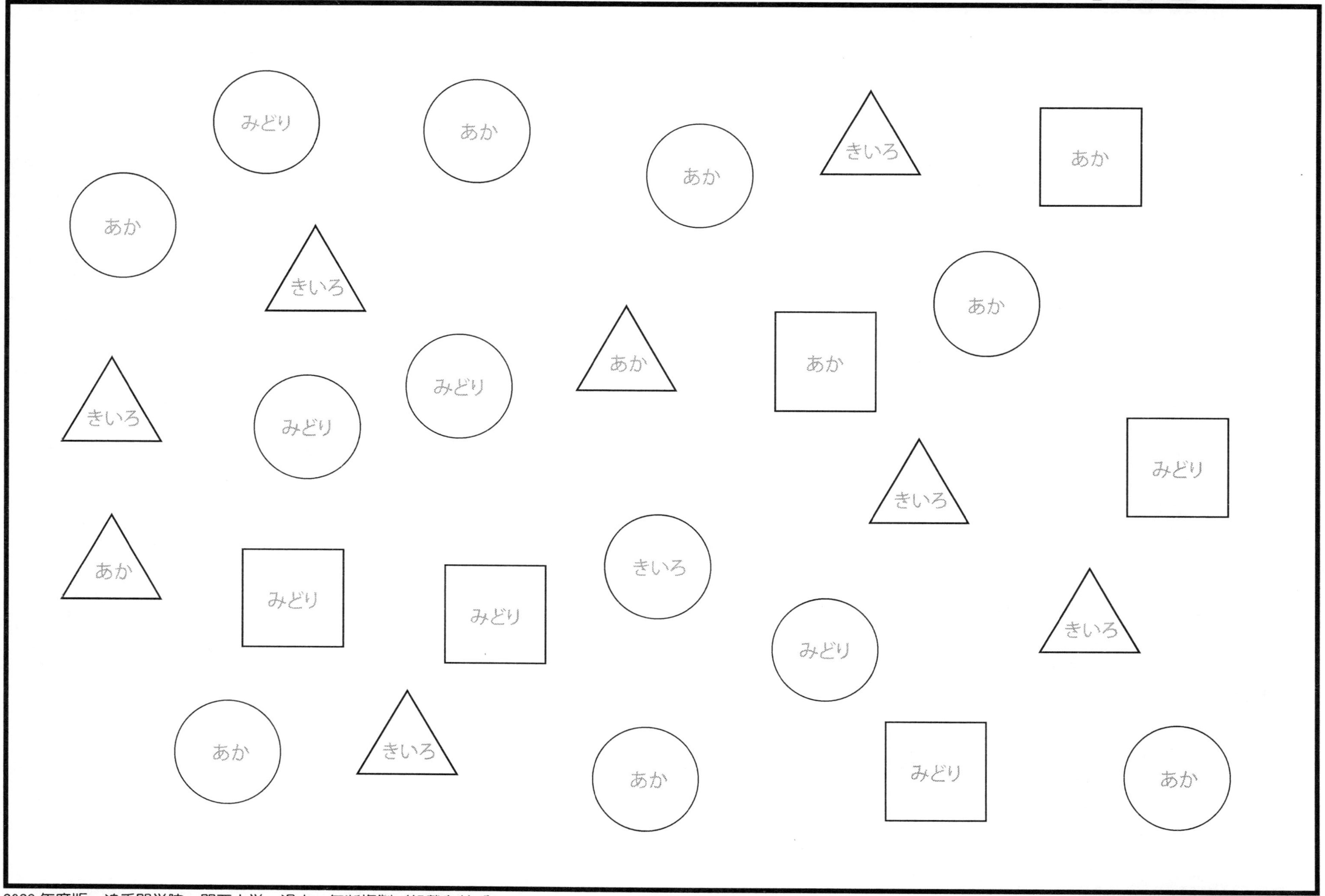
みどり
あか
あか
きいろ
あか
あか
きいろ
あか
あか
あか
みどり
きいろ
みどり
みどり
きいろ
きいろ
あか
みどり
みどり
きいろ
みどり
あか
きいろ
あか
みどり
あか

 　　

問題 2 1

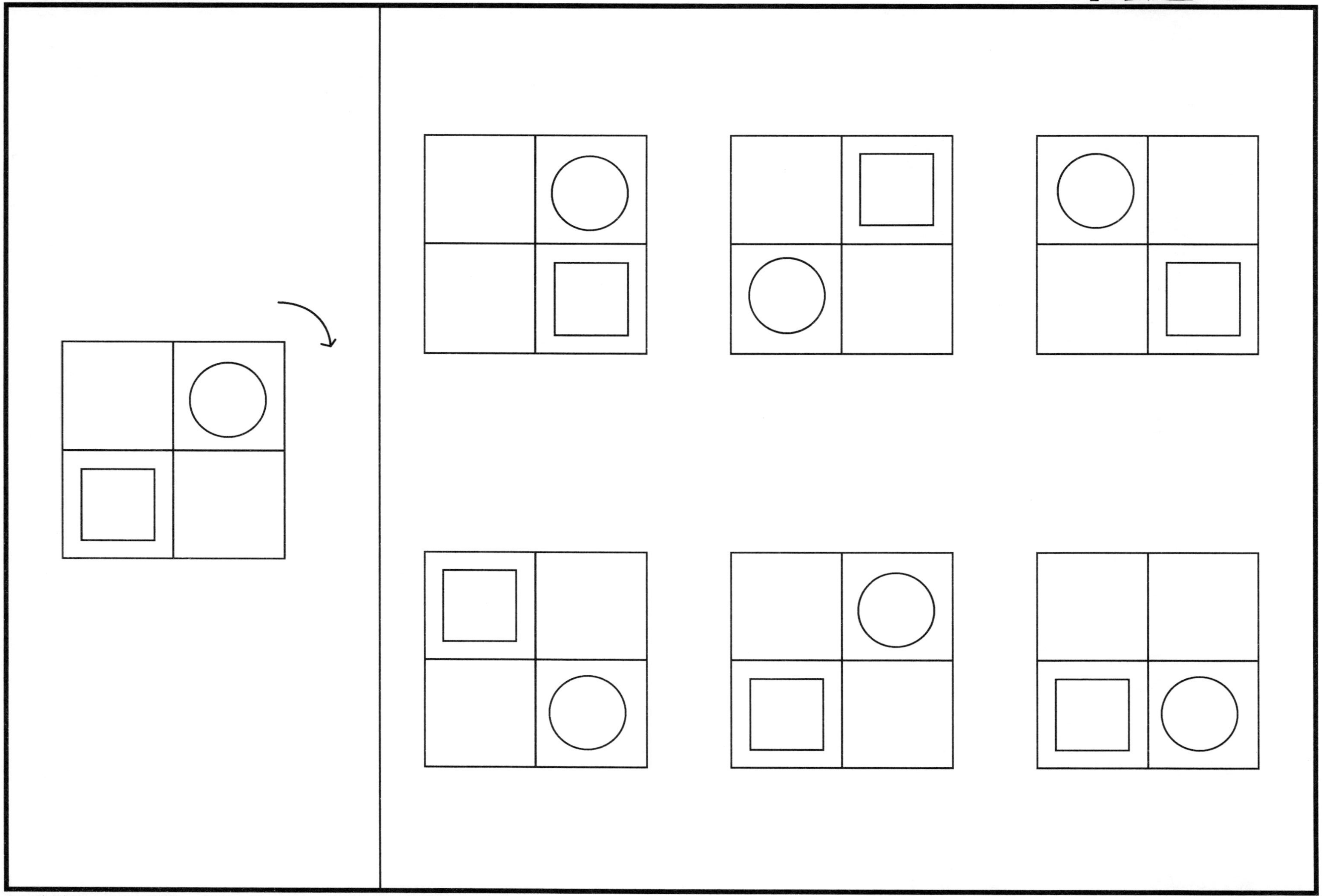

②

①

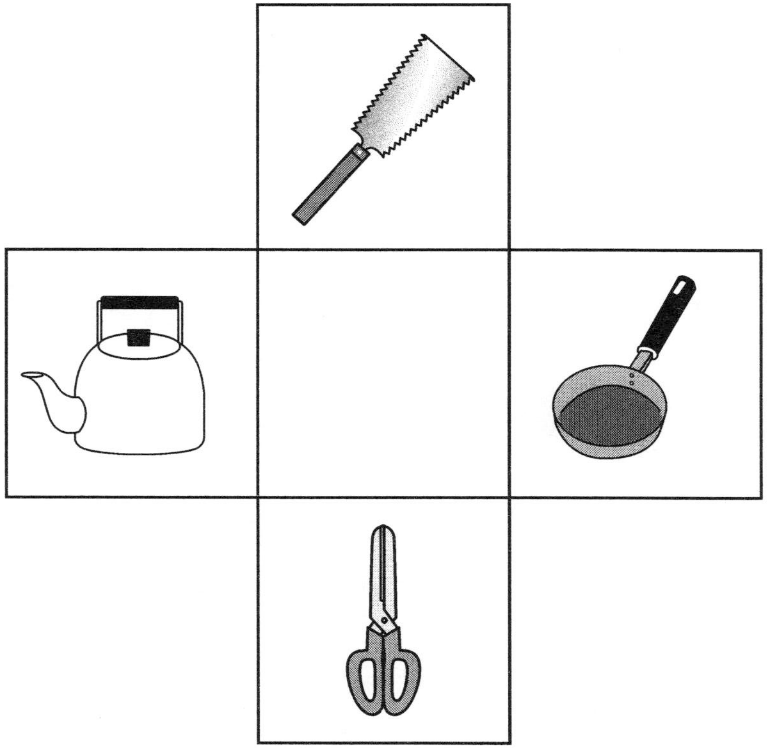

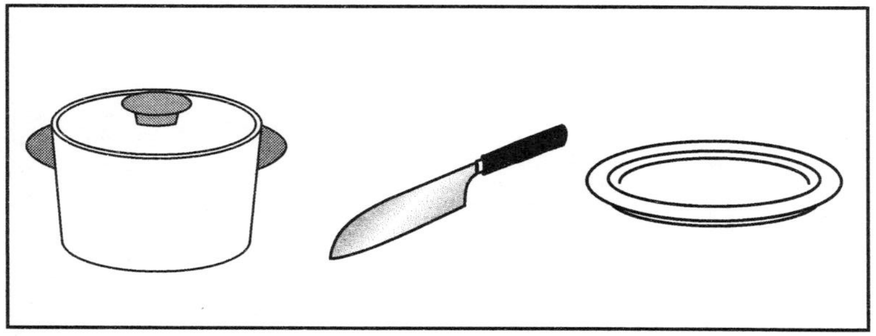

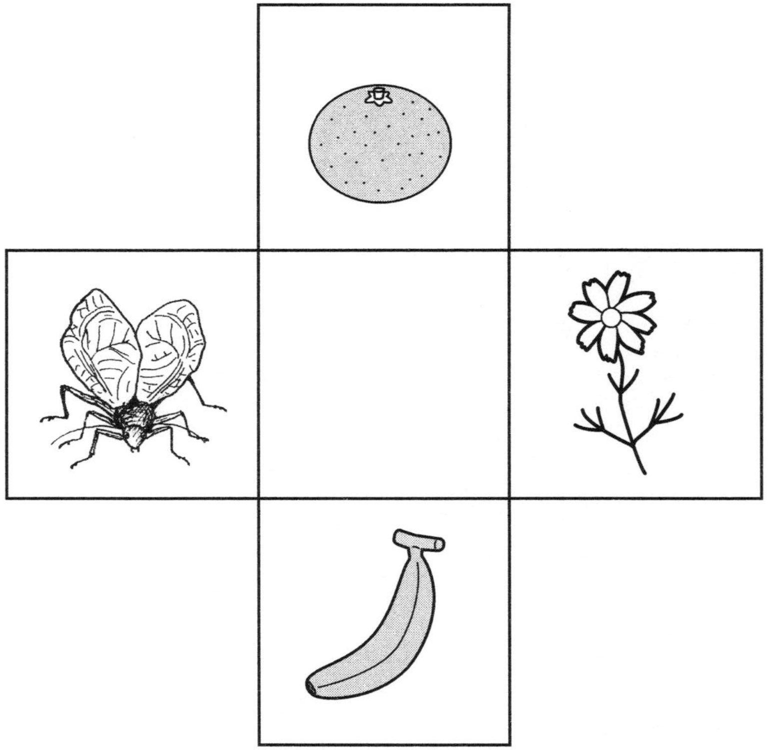

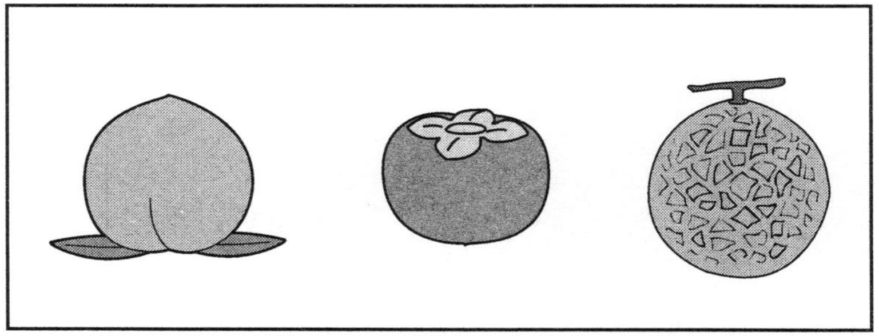

2022年度入試
解答例・学習アドバイス

解答例では、制作・巧緻性・行動観察・運動といった分野の問題の答えは省略されています。こうした問題では、各問のアドバイスを参照し、保護者の方がお子さまの答えを判断してください。

問題1　分野：面接（保護者面接）

〈解 答〉　省略

コロナ禍のため、検温が行われました。慌てないためにも、検温は、しっかりやって出かけるとよいでしょう。面接では、願書を見ながら質問をされたようです。願書は、必ずコピーをとっておくことが賢明です。日頃、どのような考えを持ち、どのように実行しているか、日々の生活の大切さをどう自覚しているのかを観察しているのでしょう。お子さん方が生徒として入学してきた後、のびしろを多くもっているかどうかは、家庭教育によるところが大きな位置を占めているからでしょう。本校の教育目標を理解した上で、面接に臨まれるとよいでしょう。面接は、終始穏やかに行われたようです。最後に学校側からは、「試験までは、わずかとなったが、体調を崩さず頑張って、春に会えることを楽しみにしています」と思いやりの声掛けがされたようです。

【おすすめ問題集】
新　小学校受験の入試面接Q&A・保護者のための入試面接最強マニュアル

問題2　分野：お話の記憶（口頭試問）

〈解 答〉　①黄色の半袖のTシャツ、ジーンズの長ズボン、スニーカー　②からあげ
③卵焼き　④夏

順番が来るまで、指定された教室で、椅子にかけて絵本などを読みながら待機し、呼ばれたら、口頭試問を受ける会場で質問をされたようです。このように緊張した中で、精神的に押しつぶされないようにするには、もちろん性格もありますが、日頃の生活が大きく左右するでしょう。自分の考えが言える雰囲気の生活、自分でできることは頼らずにやる等、さまざまなことが関係してきます。口頭試問は、問題ごとに場所を移動し、試験を受けるようになっています。このようなことも、落ち着きを失い、緊張する原因にもなります。緊張をほぐす対策が必要でしょう。話の内容としては、生活の一部として経験したことのあるような話で記憶のしやすい話となっています。

【おすすめ問題集】
Jr・ウォッチャー19「お話の記憶」・20「見る記憶・聴く記憶」
お話の記憶（初級編・中級編・上級編）
口頭試問最強マニュアル（ペーパーレス編・生活体験編）

問題3　分野：数量（加減算）

〈解 答〉　①５個　②12個　③モモが４個　④３個　⑤12枚

数えるときに目移りして数えにくくなるのが難点でしょう。ペーパーテストと異なり、絵に印をつけていくことが不可能です。しっかり数えるには、練習することです。絵の中のものは動きませんから、始めは、手を使い半分を隠して数え、慣れてくれば隠さずに数えていく、というやり方を繰り返し練習することです。数えたものは、数を記憶しておかなければ回答できません。数や種類の少ないものから、難易度を上げて練習をしていきましょう。また、時間も設定し、数える練習をしましょう。この問題は、口頭試問の中でも難問といえます。

【おすすめ問題集】
Jr・ウォッチャー14「数える」・37「選んで数える」・38「たし算・ひき算１」・
39「たし算・ひき算２」・42「一対多の対応」

問題4　分野：図形（展開図形）

〈解 答〉　①左から２番目　②左端　③右から２番目　④右端

図形や数量の問題は、まず、具体物を使用して学ぶことが大切です。この問題の解答図は、切った折り紙をそのまま開いており、回転はしていませんので、イメージしやすいでしょう。

【おすすめ問題集】

Jr・ウォッチャー５「回転・展開」

問題5　分野：図形（構成・パズル）

〈解 答〉　省略

パズルのピースから作っていく巧緻性の課題も含まれた問題となっています。紙を切っただけのピースですので、ふわふわして置きにくいでしょうが、まず指定されている形に当てはめることに集中させていきましょう。三角形の大きさや向きを考えて、ピースを動かし当てはめていきます。始めは難しくとも、色々と手を動かしていくうちに様々なことに気がついていくでしょう。それがパズルの基本です。三角形が２つで四角形になります。円形以外の形は、三角形と四角形の直線でできています。これが基本の考え方となります。

【おすすめ問題集】

Jr・ウォッチャー３「パズル」・９「合成」・23「切る・貼る・塗る」・25「巧緻性」

問題6　分野：言語（推理・クイズ）

〈解 答〉　①ケーキ　②スイカ　③④省略

①②の逆の問いが③④になりますが、ミカンとトマトについての知識がなければ戸惑ってしまいます。野菜や果物であれば、旬の季節があります。しかし、ハウス栽培されているものや輸入品のものが、いまは多く出回っており、年間を通して店頭に並んでいます。トマトなどは、色の種類も豊富にあります。図鑑などで正しい知識を把握しておくとよいでしょう。このような問題の練習は、家庭内や戸外でも沢山材料はあります。ヒントを出すにしても答えるにしても、まずお子さんに考えさせましょう。手助けは、お子さんの伸びを止めてしまいます。

【おすすめ問題集】

Ｊｒ・ウォッチャー８「いろいろな言葉」・21「お話作り」・33「季節」

問題7　分野：推理（ブラックボックス）

〈解 答〉　①バナナ１　②リンゴ２　③バナナ６

条件をしっかり把握させましょう。一番下の問題を見てください。上の丸いトンネルを通ると、バナナはリンゴに変わります。下のリンゴは、右上の条件から１つ減って出てきます。出てきたリンゴを合わせると３個になります。３個のリンゴが一緒にトンネルを通過すると１つ減って出てきます。このように１つずつ条件に合わせて考えていきます。具体物を使い、練習してみてください。この問題も口頭試問ですから、筆記具はありません。考えることが大事です。はじめは時間がかかっても、自力で答えを出すことが成長を促していきます。個別テストは、１問１問場所と出題の先生方が異なります。戸惑わないためにも、このような形式の出題や答え方に近い学習方法が必要です。

【おすすめ問題集】

Ｊｒ・ウォッチャー31「推理思考」・32「ブラックボックス」

問題8　分野：記憶（見る記憶）

〈解 答〉　①○　②自転車　③魚２匹・□

ペーパーテストは、場所も出題担当者も固定しますので、落ち着いてできますが、その前に行った口頭試問での緊張感と切り離して考えることができるかどうかで正解率に影響してきます。記憶するものの数や絵も単調ですから、覚えやすいのではないでしょうか。

【おすすめ問題集】

Ｊｒ・ウォッチャー20「見る記憶・聴く記憶」

問題9　分野：図形（数と形の構成）

〈解 答〉　①左端と右端　②左端と右から２番目　③左から２番目と右端

まず左の数を数えます。右側から２つ合わせて、その数になる形を探します。順序立てて考え進んで行くとよいでしょう。

【おすすめ問題集】

Ｊｒ・ウォッチャー14「数える」・16「積み木」・38「たし算・ひき算１」・39「たし算・ひき算２」・41「数の構成」

問題10　分野：数量（重さの比較）

〈解 答〉　①○カキ　②△スイカ

メロンとスイカでは、スイカが重く、スイカとカキを見るとカキが重くなっています。メロンと比べてもカキが重くなっています。ということは、カキがいちばん重く、２番目はスイカ、３番目はメロンとリンゴになります。いちばん重いものは、シーソーは、一度も上に上がりませんし、いちばん軽いものは、一度も下に下がることはありません。このことからいちばん軽いものといちばん重いものがわかります。

【おすすめ問題集】

Ｊｒ・ウォッチャー33「シーソー」

問題11　分野：言語（しりとり）

〈解 答〉　①ダチョウ　②リス　③長靴

しりとりは、どこにいてもすぐにできるものです。しりとりは、語彙数を増やし、どのようなものなのかの知識も増やしていくことがます。お子さんと一緒にいるとき、どのような過ごし方をするのかによって、知識やモラル、マナーに差がついていきます。

【おすすめ問題集】

Ｊｒ・ウォッチャー17「言葉の音あそび」・18「いろいろな言葉」・49「しりとり」

問題12　分野：行動観察（巧緻性・箸使い）

〈解 答〉　省略

箸の素材や形状によっては、滑りやすいもの、長くて使いにくいものなどがあり、うまく箸でつかめるときやつかみにくいなど、差が生じることがあります。身につけたいことは、正しい箸の持ち方です。筆記具の持ち方も同様ですが、正しい持ち方を小さいうちに身につけておくことが大切です。成長してからの修正は、時間がかかります。器の持ち方も小さいうちにきちんと身につけておくことが重要です。

【おすすめ問題集】

Ｊｒ・ウォッチャー25「生活巧緻性」・29「行動観察」・30「生活習慣」

問題13　分野：行動観察（巧緻性：紐結び・忍耐）

〈解答〉　省略

結んだ結果、縦結びになっていませんか。注意してください。縦結びは、日本では仏事に使用されます。蝶結びと固結びだけは、しっかりできるようにしておいてください。

【おすすめ問題集】
Ｊｒ・ウォッチャー25「生活巧緻性」・30「生活習慣」

問題14　分野：運動（運動機能検査・行動観察）

〈解答〉　省略

運動の観察では、上手か苦手かというよりは、指示を聞いているか、行動の前後・最中との態度、間違えたときの態度が行動観察の対象になります。このような行動は、普段の生活習慣で身につくことであり、試験のためだけではないことをしっかり観察されています。

【おすすめ問題集】
Ｊｒ・ウォッチャー29「行動観察」・30「生活習慣」

問題15　分野：見る記憶

〈解 答〉　下図参照

「見る記憶」の問題です。最初に絵を見る時間は15秒と短いので、記憶しようとするのではなく、観察してください。それほど複雑な絵ではないので、内容は把握できるはずです。その時、「ロボット、ボール…」とバラバラに覚えるのではなく、「ロボットがボールと金づちを持って…」などと覚えるのです。「関連付け」と言いますが、何かを記憶するには有効な方法の１つです。また、試験の場ではできませんが、声に出すと記憶しやすくなります。声を出すと自然とイメージすることになるので、いつの間にか記憶できているでしょう。慣れるまでは練習としてやってみてください。

【おすすめ問題集】
　Ｊｒ・ウォッチャー20「見る記憶・聴く記憶」

問題16　分野：数量（比較）

〈解 答〉　①右から２番目　②右から２番目　③左端

この問題は、お子さまが絵を見てスイカの数をパッとつかむことが大切です。同時に２番目に大きい数を見つけ出すには、数の感覚が物を言います。１つひとつ数え上げなくても見て数がわかること、数の大小を判断できることが大切です。この感覚をつかむためには、逆説的ですが数える作業と、「量」として目で測る作業を繰り返すことです。実際にさまざまな物の数をぱっと見ただけで当てたり、「これいくつ？」といった実物を使ったゲームをしたりするのもよいことです。また、「クッキーを４枚取って」「飴を７個袋に入れて」「キウイを３個ちょうだい」というように、おやつの時間やお手伝いの中で数を数える経験を積ませることも、勉強だと身構えることなく自然な数の感覚が身につくよい方法です。また、トランプを２組用意してカルタ取りのようにして遊ぶのも、数え上げずにぱっとみて数がわかる感覚を育てます。こういった遊びを通して自然に数量感覚を鍛えて行きましょう。

【おすすめ問題集】

Ｊｒ・ウォッチャー14「数える」、38「たし算・ひき算1」、
39「たし算・ひき算2」

問題17　分野：図形（重ね図形）

〈解 答〉　①左から２番目　②左端　③右端

図形の問題に共通して言えることですが、目で見た瞬間に全体を把握することが大切です。今回のように、２つの図形を重ねてできた図形を探す問題は、頭の中で２つの図形を重ねた時に、重なって１本になる線と、片方の図形の線がそのまま重なってできた図形の一部になった線を見分けてつかむことで答えが見つけられます。簡単な図形を重ねて新しい図形を作れることは、例えば三角形を２つ上下逆さまにして重ねると星型ができるなど、実際にイメージしやすいものを手で動かして作ってみるとよいでしょう。

【おすすめ問題集】

Ｊｒ・ウォッチャー35「重ね図形」

問題18　分野：言語（言葉の音）

〈解 答〉　①○：上段左（カニ）　②○：下段左（カラス）

複数の言葉の決まった位置の文字をつなげて、意味のあると言葉として読み取ることは、遊びとしても楽しいものです。単語を頭の中で操り、指示された位置の音だけを拾ってつなぎます。しりとり遊びの好きなお子さまなら、クイズ形式で出題しあっても楽しめることでしょう。「言葉の音」に関する問題のほとんどは実際に言葉を声に出すことで、答えがわかります。また、そうすることで言葉に関する知識も増えますから、億劫がらずに言葉を声に出しながら答え合わせをしてください。

【おすすめ問題集】

Ｊｒ・ウォッチャー60「言葉の音（おん）」

問題19　分野：個別テスト・口頭試問（お話の記憶）

〈解 答〉　①バス　②ダイコン　③左端　④ブランコ

お話の記憶は当校入試で毎年出題されるものです。口頭試問での出題ですが、短めのお話の中にたくさんのエピソードが盛り込まれています。誰がなにをどうしたか、出てきたものを覚えるのもさることながら、ストーリーを理解して覚えることが大切です。問われている内容を見ると、お話で起こったことを問う出題がほとんです。お話のポイントになる「誰が」「なにを」「どうやって」といったことを、場面を思い描きながらお話を聞き、問題に取り組むとよいでしょう。

【おすすめ問題集】

新口頭試問・個別テスト問題集、新ノンペーパーテスト問題集、
１話５分の読み聞かせお話集①・②、お話の記憶 初級編・中級編、
Ｊｒ・ウォッチャー19「お話の記憶」

問題20　分野：個別テスト・口頭試問（複合）

〈解答〉 ①○：7　②10　③2　④4

数の抽出の問題です。ぱっとみて数がわかるかどうかだけでなく、図形の種類を選んで数える能力を見ています。判断しなければならない要素が、形・色・数の３つあるので、普通に数を数えるよりも慣れがものを言います。同じ形でも色が違うものは別々に数えることなど、質問から数えるルールを判断して理解することも必要です。最初は時間を図らずに、正確に数えられるように練習します。それができるようになったら、時間を計って、タイムを縮めていくとよいでしょう。ご家庭では、形の違うおはじきを何種類か用意して、つかみどりにしたおはじきを種類や色ごとに数えるゲームなどをしてみると、楽しく練習ができます。

【おすすめ問題集】

新口頭試問・個別テスト問題集、新ノンペーパーテスト問題集、
Ｊｒ・ウォッチャー4「同図形探し」、14「数える」

問題21　分野：個別テスト・口頭試問（図形）

〈解答〉 ①下段左　②上段中

図形の回転の問題です。複数の図形が組み合わさっているので、単に三角形や四角形を回転させる時よりも複雑です。また、図形の中での位置関係にも注意しましょう。回転させる角度にも注意を払う必要があります。「１回」というのがどちらの方向に何度動かすことなのか、図を見比べてしっかりつかみましょう。こういったことをいきなり頭の中だけでできる必要はありません。図形が動いた形にはパターンがありますから、練習で身につけることができます。初めはうまく行かないかもしれませんが、その場合は問題の図形を切り取って実際に回転させて見ることです。繰り返していくうちに、頭の中だけで動かせるようになります。根気よく、あきさせないように練習させましょう。

【おすすめ問題集】

新口頭試問・個別テスト問題集、新ノンペーパーテスト問題集、
Ｊｒ・ウォッチャー46「回転図形」

問題22　分野：個別テスト・口頭試問（常識）

〈解答〉 ①包丁　②カキ

道具の使い方や目的の知識と、仲間分けの融合問題です。ものの名前がわかるだけでなく、どんな場所で、何をする時に、どういう作業のために使うのか、そこまで知っていることが必要です。キッチンでお料理をする時に使う、と言っても、包丁とヤカンではそれを使って行う作業が違います。包丁は切る作業、ヤカンはコンロにかけてお湯を沸かす作業、というように、どのように使うのか、実際の場面で知っているかどうか。そのうえで、さらにその作業で仲間わけができるかどうか、具体的な知識を抽象的な働きまで考えて理解している必要があります。一見難しそうですが、日常生活の中で、お手伝いをしたり、大人といっしょに何かに取り組んだりする場面の中で、自然に身につけることができる知識です。意識的に言葉で説明してあげるようにしてみてください。

【おすすめ問題集】

新口頭試問・個別テスト問題集、新ノンペーパーテスト問題集、
Ｊｒ・ウォッチャー11「いろいろな仲間」、12「日常生活」

問題23　分野：運動

〈解答〉 省略

決まった動作とシンボルを決めておき、示されたシンボルから動作をする、シグナルランという運動遊びです。楽しく体を動かしながら運動能力を見ることができる、テスト問題にもうってつけのものです。もともとが運動遊びとして考案されたものなので、おうちでもご家族で楽しく遊びながらトレーニングをすることができます。組み込む動きは過去問から取るなどすればいっそう効果があります。また、「スタートの姿勢」として、当校の「気をつけ」や「休め」の姿勢を約束しておけば、そちらの練習も楽しくすることができます。動作とシンボルの約束をしっかり覚えて、指示通りに動くことができる能力を見ていますから、頭と体を同時に使って、楽しく練習しましょう。

【おすすめ問題集】

新 運動テスト問題集、Ｊｒ・ウォッチャー28「運動」

問題24　分野：巧緻性

〈解 答〉 省略

例年出題されている巧緻性の問題です。見た目はお箸を正しく持って正確に使えるかどうかといった簡単な巧緻性（器用さ）についての問題ですが、当校においては、あらかじめ示されている望ましい習慣を、きちんと身につけているかどうか、真剣に志望しているかどうかをチェックするという意味もあります。要項に示されている正しい箸の持ち方をよく見て練習しておきましょう。

【おすすめ問題集】

実践 ゆびさきトレーニング①・②・③、Ｊｒ・ウォッチャー12「日常生活」、25「生活巧緻性」

追手門学院小学校　専用注文書

年　　月　　日

合格のための問題集ベスト・セレクション

＊入試頻出分野ベスト３

1st　図　形	2nd　記　憶	3rd　巧 緻 性
思考力　観察力	聞く力　集中力	集中力　聞く力

口頭試問での出題が多く、ペーパーテスト以外の学習も重要になってきます。巧緻性などは、例年同様の問題が出されていることから、しっかり準備をしてきてくださいという学校の意図が感じられます。

分野	書　名	価格(税込)	注文	分野	書　名	価格(税込)	注文
図形	Ｊr・ウォッチャー 3「パズル」	1,650 円	冊	数量	Ｊr・ウォッチャー 37「選んで数える」	1,650 円	冊
推理	Ｊr・ウォッチャー 6「系列」	1,650 円	冊	数量	Ｊr・ウォッチャー 38「たし算・ひき算 1」	1,650 円	冊
図形	Ｊr・ウォッチャー 8「対称」	1,650 円	冊	数量	Ｊr・ウォッチャー 39「たし算・ひき算 2」	1,650 円	冊
常識	Ｊr・ウォッチャー 12「日常生活」	1,650 円	冊	図形	Ｊr・ウォッチャー 47「座標の移動」	1,650 円	冊
数量	Ｊr・ウォッチャー 14「数える」	1,650 円	冊	言語	Ｊr・ウォッチャー 49「しりとり」	1,650 円	冊
数量	Ｊr・ウォッチャー 16「積み木」	1,650 円	冊	常識	Ｊr・ウォッチャー 56「マナーとルール」	1,650 円	冊
言語	Ｊr・ウォッチャー 17「言葉の音遊び」	1,650 円	冊	数量	Ｊr・ウォッチャー 58「比較②」	1,650 円	冊
記憶	Ｊr・ウォッチャー 19「お話の記憶」	1,650 円	冊	数量	Ｊr・ウォッチャー 59「欠所補完」	1,650 円	冊
記憶	Ｊr・ウォッチャー 20「見る記憶・聴く記憶」	1,650 円	冊	言語	Ｊr・ウォッチャー 60「言葉の音（おん）」	1,650 円	冊
巧緻性	Ｊr・ウォッチャー 25「生活巧緻性」	1,650 円	冊		新口頭試問・個別テスト問題集	2,750 円	冊
運動	Ｊr・ウォッチャー 28「運動」	1,650 円	冊		新ノンペーパーテスト問題集	2,860 円	冊
観察	Ｊr・ウォッチャー 29「行動観察」	1,650 円	冊		新運動テスト問題集	2,320 円	冊
推理	Ｊr・ウォッチャー 33「シーソー」	1,650 円	冊		1話5分の読み聞かせお話集①・②	1,980 円	各　冊
常識	Ｊr・ウォッチャー 34「季節」	1,650 円	冊		実践 ゆびさきトレーニング①・②・③	2,750 円	各　冊

合計	冊	円

（フリガナ） 氏　名	電　話 ＦＡＸ E-mail
住 所　〒　　　－	以前にご注文されたことはございますか。 有　・　無

★お近くの書店、または記載の電話・FAX・ホームページにてご注文をお受けしております。
電話：03-5261-8951　FAX：03-5261-8953　代金は書籍合計金額＋送料がかかります。
※なお、落丁・乱丁以外の理由による商品の返品・交換には応じかねます。

★ご記入頂いた個人に関する情報は、当社にて厳重に管理致します。なお、ご購入の商品発送の他に、当社発行の書籍案内、書籍に関する調査に使用させて頂く場合がございますので、予めご了承ください。

日本学習図書株式会社
http://www.nichigaku.jp

〈関西大学初等部〉

※問題を始める前に、本書冒頭の「本書ご使用方法」「本書ご使用にあたっての注意点」をご覧ください。
※本校の考査は鉛筆を使用します。間違えた場合は消しゴムで消し、正しい答えを書くよう指導してください。

保護者の方は、別紙の「家庭学習ガイド」「合格のためのアドバイス」を先にお読みください。
当校の対策および学習を進めていく上で役立つ内容です。ぜひご覧ください。

2022年度の最新問題

問題25　分野：数える

〈準 備〉　鉛筆

〈問 題〉　左の絵を見てください。いろいろなものが描いてあります。それぞれのものを数え、その数だけ、その物の□に○を書いてください。

〈時 間〉　30秒

問題26　分野：1対1の対応

〈準 備〉　鉛筆

〈問 題〉　①左の絵を見てください。虫かごとセミが描いてあります。虫かごにセミを1匹ずつ入れると、どちらが余りますか。余る方の絵に○をつけてください。
②右の方を見てください。手と手袋が描いてあります。手袋をはめたとき、どちらが余りますか。余る方の絵に○をつけてください。

〈時 間〉　各30秒

問題27　分野：系列

〈準 備〉　鉛筆

〈問 題〉　ここに描いてある絵は、ある約束で並んでいます。空いているところには、どの絵が来るでしょうか。下から探して○を付けてください。

〈時 間〉　30秒

問題28　分野：言語（音つなぎ）

〈準備〉　鉛筆

〈問題〉　①上に描いてある絵の名前で、２番目の音をつなぐと、下に描いてあるもののどれかの名前になります。その名前のものに下から選んで○を付けてください。
②下絵を見てください。ゾウの２番目の音と、下に描いてある絵の２番目の音をつなぐと、□のものの名前になります。下のどの絵を合わせればよいでしょうか。○をつけてください。
③右上の絵を見てください。上の絵の名前には「ボール」のように濁った音があります。このように、濁った音が入っているものに○をつけてください。
④右下の絵を見てください。上の絵の名前には「ボール」のように伸ばす音があります。このように、□の中の絵で、伸ばす音が入っているものに○をつけてください。

〈時間〉　各15秒

家庭学習のコツ③　効果的な学習方法～問題集を通読する

過去問題集を始めるにあたり、いきなり問題に取り組んではいませんか？　それでは本書を有効活用しているとは言えません。まず、保護者の方が、すべてを一通り読み、当校の傾向、ポイント、問題のアドバイスを頭に入れてください。そうすることにより、保護者の方の指導力がアップします。また、日常生活のさまざまなことから、保護者の方自身が「作問」することができるようになっていきます。

問題29　分野：個別テスト・口頭試問（お話の記憶）

〈準備〉　鉛筆

〈問題〉　３枚の絵を裏返しにして渡す。
絵はうら返しにして置いてください。今からお話をしますのでよく聞いてください。

問題
明日は、お友達の誕生日なので何をプレゼントにしようか考えました。僕は、おじいちゃんの家に行くことにしました。おじいちゃんの家は、家の近くにある駅から、電車に乗って１つ目の駅で降ります。駅を降りると山が見えます。おじいちゃんの家は、あの山のふもとにあります。山は、黄色や赤や、緑の色に染まりとてもきれいです。歩きながら、黄色や、赤に染まった落ち葉がたくさん落ちているのを拾いながら歩きました。木の実もたくさん拾いました。何をプレゼントにするのか決まりました。おじいちゃんの家の周りには畑もあり、今は秋野菜の収穫です。
（問題29-1の絵を見せる）

質問
①左側を見てください。お友達に挙げるために作ったプレゼントは、どれだと思いますか。○を付けてください。
②右側を見てください。おじいちゃんの家で今、とれる野菜はどれでしょうか。○を付けてください。

問題
僕はプレゼントを作った後、おじいちゃんの作った野菜でおやつを作りました。とてもおいしくできました。そのおやつと、作ったプレゼントをもって家に帰ります。おじいちゃんに、「さっき来た道と同じ道を通って帰るんだよ。」と言われました。

質問
では２枚目の絵を見てください。
おいちゃんの家からどこを通って家まで帰りましたか。通ったところに線を引いてください。

問題
今日はお友達の誕生日です。僕はお友達の誕生日のお祝いで友達の家に行きました。お友達の家の人にご挨拶をしてから、家に上がりました。靴をそろえてから、洗面所で手を洗い、ジュースをいただきました。

質問
３枚目の絵を見てください。
①上の絵を見てください。ぼくがお友達の家についてからやったことを、正しい順番に並んでいる絵に○をつけてください。
②ジュースをいただこうとしたときに、お友達のお母さんに「氷を入れますか？」と聞かれたので「はい」と言って入れてもらいました。
下の絵を見てください。ジュースの入ったコップに氷りを入れると、コップの中はどのようになるでしょうか。正しい絵に○を付けてください。

〈時間〉　各15秒

問題30　分野：常識

〈準備〉　鉛筆

〈問題〉　・ジュースを飲んだ後に、公園で遊びました。公園で遊んではいけない遊びをしている子供たちに×を付けてください。
・そろそろ帰る時間となったのでお友達の家に戻りおかたづけをしました。上のごみ箱に入れてよいものに○をつけてください。

〈時間〉　各15秒

問題31　分野：言語（音数・同音・音数）

〈準備〉　クーピーペン（赤）

〈問題〉　①左上を見てください。★の列の動物は２音で呼ばれています。例えばハトは「ハ・ト」のように2つの音で呼ばれています。☆の列は３音で呼ばれています。では下の□に描いてある動物の呼び方が２音のものには○を、３音のものには△をつけてください。
②左下の絵を見てください。この絵の名前のどこかに「と」という音が入ってます、名前の前から3番目に「と」の音が入っているのはどれでしょうか。○を付けてください。
③右側の絵を見てください。ここに並んでいる絵は、あるお約束で並んでいます。□には下のどの絵が入るでしょうか。その絵に○をつけてください。
④右側の絵を見てください。ここに並んでいる絵は、あるお約束で並んでいます。□には下のどの絵が入るでしょうか。その絵に○をつけてください。

〈時間〉　各15秒

問題32　分野：記憶（お話の記憶）

〈準備〉　鉛筆、消しゴム

〈問題〉　今から話すことをよく聞いて後の質問に答えてください。
僕の家族はお父さん、お母さん、おばあちゃん、ペットの犬、それに僕です。僕は乗り物が大好きです。１番好きなのは電車です。将来は困った人を助ける警察官になりたいです。
外で遊ぶのが大好きです。
ある日お友達と追いかけっこをして遊びました。それからボールで遊びました。仲良く遊んでいるうちにボールの取り合いになり、けんかになってしまいました。そこへ別の友達が来てけんかを止めてくれたので、そのあとは３人で仲良く遊びました。
絵を見てください。
①僕の家族はどれでしょうか。○をつけてください。
②僕の１番好きな乗り物に○をつけてください。
③僕が将来やりたい仕事は何でしょうか。○をつけてください。
④外で遊んでいた時、お話の順番になっている絵に○をつけてください。

〈時間〉　各15秒

問題33　分野：複合（しりとり・推理思考）

〈準備〉　鉛筆

〈問題〉　①左側の絵を見てください。☆からスタートしてしりとりをしながら★のところまでつないで進んでください。進むときは線をなぞりながら進みましょう。
②絵をかきます。初めは丸を書き、次に茎を描きました。次ははなびらを描き、そして葉っぱを描きました。最後に植木鉢を描き完成しました。
お話の順番になっている絵に○をつけてください。

〈時間〉　① 30秒　②15秒

問題34　分野：図形（構成）

〈準備〉　鉛筆

〈問題〉　右側の形を使って左側の形をつくります。その時使わない形に○をつけてください。

〈時間〉　各15秒

問題35　分野：図形（回転図形）

〈準備〉　鉛筆、消しゴム

〈問題〉　上の絵を矢印の方へ何度回してもできない絵はどれですか。その絵に○をつけてください。

〈時間〉　各15秒

問題36　分野：図形（展開図）

〈準備〉　鉛筆　消しゴム

〈問題〉　①折り紙を真ん中で折って黒いところを切り取り、元の折り紙を開くとどうなるでしょうか。右から探して○をつけてください。
②折り紙を2回折って黒いところを切り取り、元の折り紙を開くとどうなるでしょうか。右から探して○をつけてください。

〈時間〉　15秒

家庭学習のコツ④　効果的な学習方法～お子さまの今の実力を知る

1年分の問題を解き終えた後、「家庭学習ガイド」に掲載されているレーダーチャートを参考に、目標への到達度をはかってみましょう。また、あわせてお子さまの得意・不得意の見きわめも行ってください。苦手な分野の対策にあたっては、お子さまに無理をさせず、理解度に合わせて学習するとよいでしょう。

問題37　分野：行動観察（巧緻性）

〈準備〉　折り紙

〈問題〉　この問題の絵はありません。
・映し出された恐竜のお手本の映像を見て同じように描く
・折り紙の手順を電子黒板で見て覚えた後で、記憶をたどって同じように折る

〈時間〉　適宜

問題38　分野：面接（保護者面接・幼児面接）

〈準備〉　なし

〈問題〉　この問題の絵はありません。
保護者
志望理由、本校への思い、家庭の教育方針、お子様の長所とアピール
お子様
名前、通っている園について、友達のこと、遊びについて（園・家の中・外）
保護者様の好きなところ、手伝いについて、食べ物について、楽しかった思い出
将来の夢、入学したら何をしたいか、好きなことについて、英語について
習い事、生き物の好き嫌い、好きな場所

〈時間〉　適宜

2021年度の過去問題

問題39　分野：推理（比較）

〈準備〉　クーピーペン（赤、青、黄、緑、黒）

〈問題〉　同じ模様のテープをつなげると、どの模様が１番長くなりますか。
下の四角に描いてあるテープに青の○をつけてください。

〈時間〉　20秒

［2021年度出題］

問題40　分野：言語（擬態語・動作を表す言葉）

〈準備〉　クーピーペン（赤、青、黄、緑、黒）

〈問題〉　①「うとうと」を表している絵に、赤の○をつけてください。
②「ほくほく」を表している絵に、緑の○をつけてください。
③「むかむか」を表している絵に、赤の○をつけてください。
④「いそがしい」を表している絵に、緑の○をつけてください。

〈時間〉　各10秒

［2021年度出題］

問題41　分野：言語（擬態語・動作を表す言葉）

〈準備〉　クーピーペン（赤、青、黄、緑、黒）

〈問題〉　①「きる」という言葉に合わない絵に黒の○をつけてください。
②「はかる」という言葉に合わない絵に青の○をつけてください。
③「ひく」という言葉に合わない絵に黒の○をつけてください。
④「かける」という言葉に合わない絵に青の○をつけてください。

〈時間〉　各10秒

［2021年度出題］

問題42　分野：お話の記憶

〈準備〉　クーピーペン（赤、青、黄、緑、黒）

〈問題〉　お話をよく聞いて後の質問に答えてください。
お話を聞いて、お話に合う絵に○をつけなさい。

今日はとてもいいお天気の日曜日です。動物園の飼育員のカバさんは、お掃除用のホースとブラシを持って、ゴリラくんのオリに行きました。「こんにちは。お掃除だよ」と言うと、ゴリラくんは「こんにちは。今日は暑いから、ホースで床に水をまいてよ」と言いました。カバさんは「いいよ。後でリンゴを持ってきてあげるよ」と言って、床に水をまいて掃除をしました。ゴリラくんはとても喜んで、ウッホウッホと飛び跳ねました。隣のオリのキリンさんが「ゴリラくん、楽しそうね。カバさん、わたしもリンゴが食べたいなあ」と言うと、カバさんはにっこり笑って「いいよ。お掃除が終わったら、持ってきてあげるよ」と言いました。次に向かったのは、ゾウさんのオリです。ゾウさんはカバくんが来るのを待っていて、「暑いねえ。ぼくは水浴びがしたいから大きなバケツに水を入れてきてくれるかい」と言いました。カバさんは「いいよ。今持ってきてあげるよ」と言って、たくさんの大きなバケツに水をいっぱい入れて持ってきました。ゾウさんはそれを鼻から飲んで自分の頭の上で吐き出しました。「わあい、冷たくて、気持ちがいいなあ」ゾウさんが喜んで耳と鼻をぱたぱた振ると、小さな虹ができました。

①カバさんはキリンさんに何がほしいと言われましたか。
②ゾウさんはカバさんに何を持ってきてもらいましたか。

〈時間〉　各10秒

［2021年度出題］

問題43　分野：数量（複合）

〈準備〉　クーピーペン（赤、青、黄、緑、黒）

〈問題〉　左側に描かれた絵を見てください。
①モモの数だけ○を赤色で塗ってください。
②リンゴとイチゴを合わせた数だけ○を青色で塗ってください。
③バナナとスイカの数をくらべて、違う数だけ○を緑色で塗ってください。
④カキとクリの絵を見て、カキの数だけ○を黒色で塗ってください。

〈時間〉　30秒

［2021年度出題］

問題44　分野：常識（複合）

〈準 備〉　クーピーペン（赤、青、黄、緑、黒）

〈問 題〉　**この問題の絵は縦に使ってください。**
①今日は5月10日の母の日です。だから、お母さんに花のプレゼントをしたいと思います。この花の中で、ふさわしくないものはどれでしょう。青の○をつけてください。
②プレゼントの花をお母さんに渡した後、お父さんといっしょに散歩に出かけました。途中で道に黒いお財布が落ちていたので、拾って届けてあげました。お財布を届けたのはどこでしょう。黒の○をつけてください。
③天気がよかったので、そのままお父さんといっしょに山へ出かけることにしました。鳥の声がして、そよそよと風が吹いています。山の頂上へ着くまでに見かけた生き物は何だと思いますか。赤の○をつけてください。
④山の上は空気が澄んでいて眺めもよく、とても気持ちのよいところでした。山の頂上から双眼鏡で見えた景色はどれですか。緑の○をつけてください。
⑤お家に帰ってから、お父さんといっしょにカレーを作りました。カレーを作る時の順番でこの中では最後になるものはどれですか。青の○をつけてください。

〈時 間〉　各20秒

[2021年度出題]

問題45　分野：推理（迷路）

〈準 備〉　クーピーペン（赤、青、黄、緑、黒）

〈問 題〉　ドローンが迷路を飛んでいきます。壁にぶつかったら右に曲がります。どの☆のところに飛んで行きますか。緑の○をつけてください。

〈時 間〉　1分

[2021年度出題]

問題46　分野：図形（図形の構成、回転図形）

〈準備〉　クーピーペン（赤・青・黄・緑・黒）

〈問題〉　①左側に描かれた絵を見てください。上から５番目に重なっている紙の模様はどれですか。右から選んで黒の○をつけてください。
②左側に描かれた積み木の影はどれですか。右から選んで赤の○をつけてください。

〈時間〉　各30秒

［2021年度出題］

問題47　分野：推理（座標の移動）

〈準備〉　クーピーペン（赤、青、黄、緑、黒）

〈問題〉　①右から３番目の動物に青の○をつけてください。
②ゾウから右に４つ移動したマスに赤の○をつけてください。

〈時間〉　各30秒

［2021年度出題］

問題48　分野：行動観察

〈準備〉　①なし
②造花、折り紙、ひも

〈問題〉　**この問題の絵はありません。**
（この問題は４人のグループごとに行う）
①今から見せる３つの動作を覚えてください。
「パンパンパン（３回手を叩く）」「トントントン（３回足踏みをする）」
「コンコンコン（パーにした左手をグーにした右手で３回叩く）」
覚えたら先生が言う通りにしてください（「パンパン」「トントントン」「コンコン」と言いながら、見本を見せ真似させる）。

②これから花束を作りましょう。まず、造花の中から、花を３本取ります。全部違う色の花にしましょう。それをお花紙で包み、ひもで結んで、花束にしてください。

〈時間〉　各５分

［2021年度出題］

☆関西大学初等部

問題25

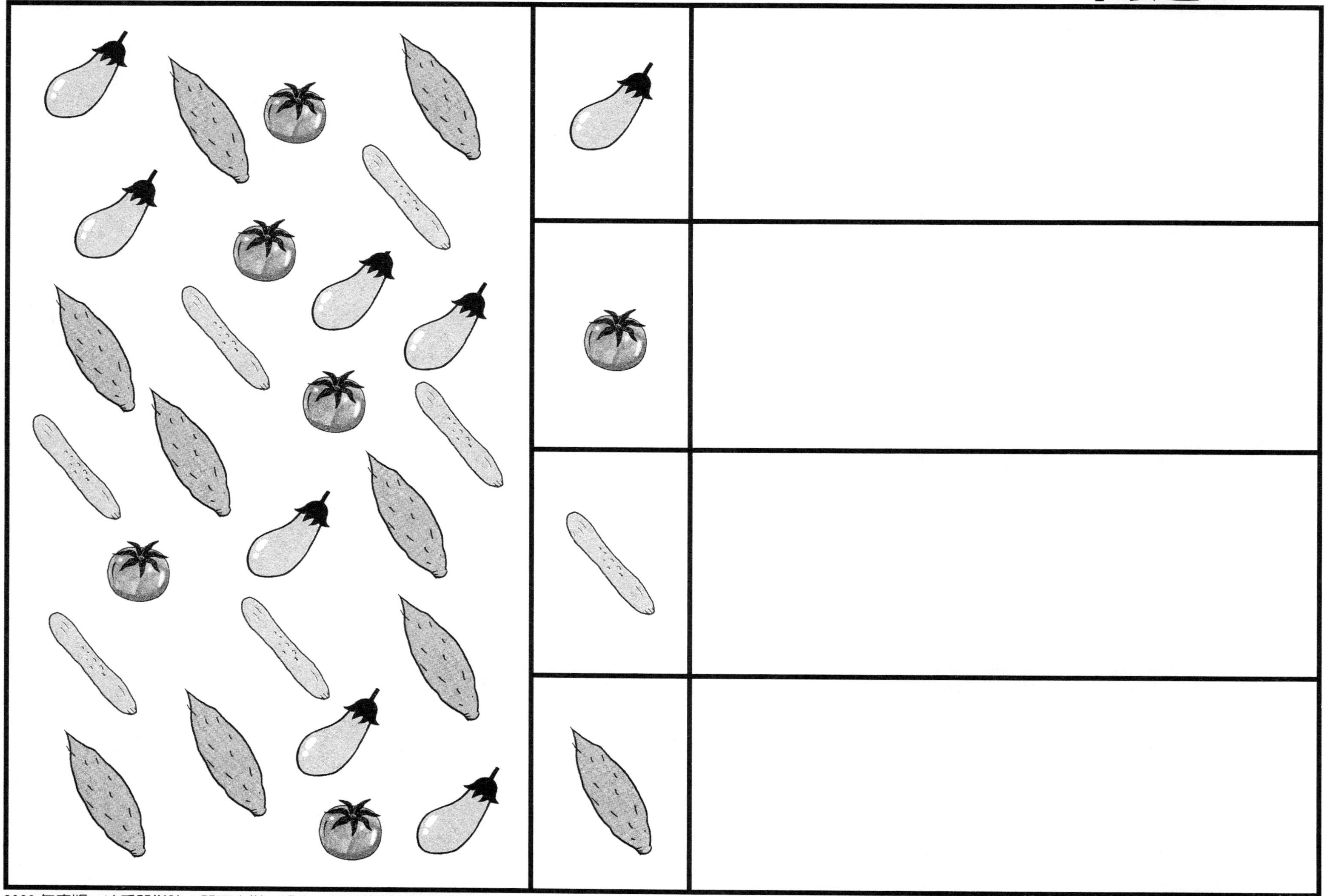

問題２６

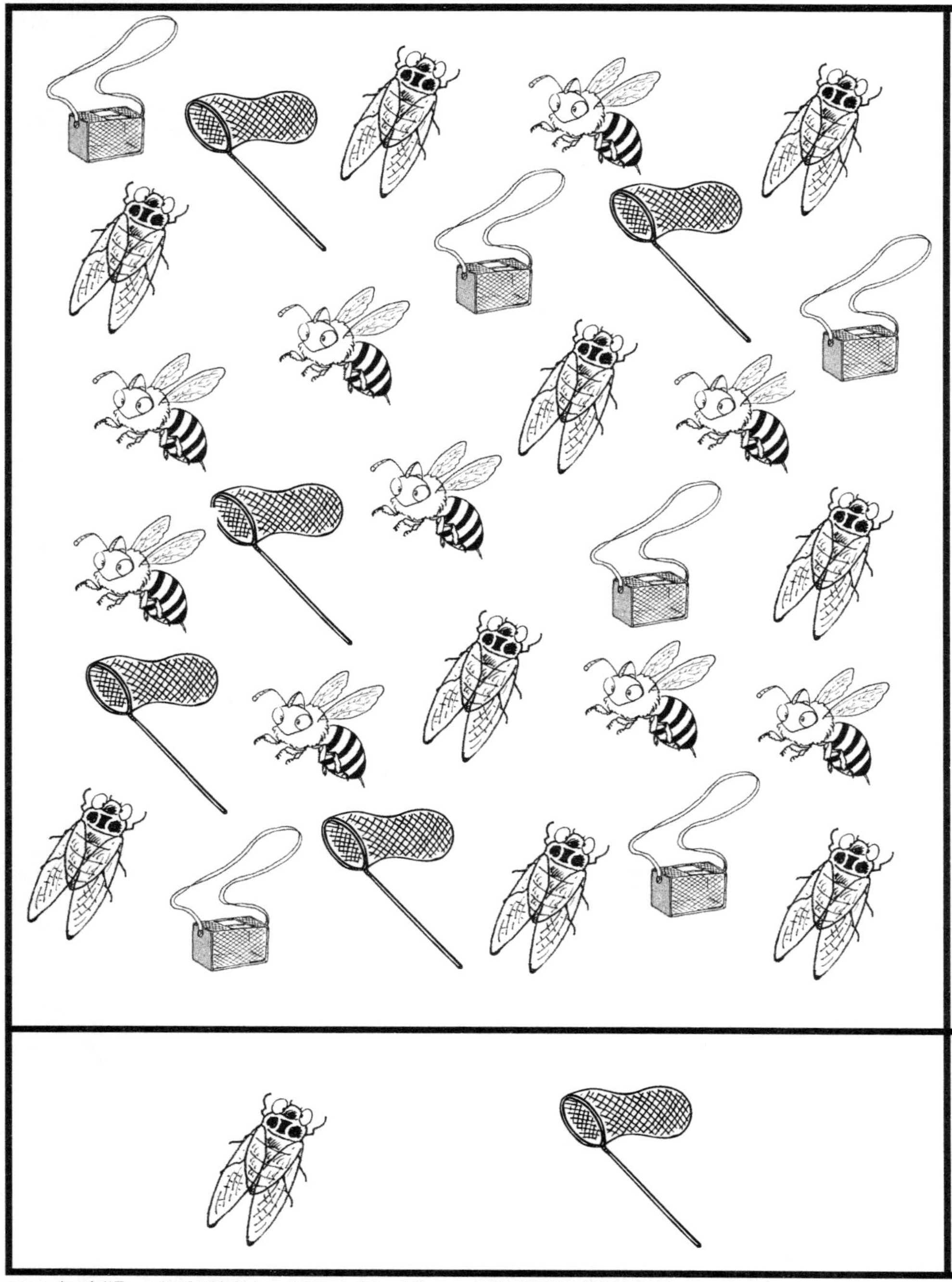

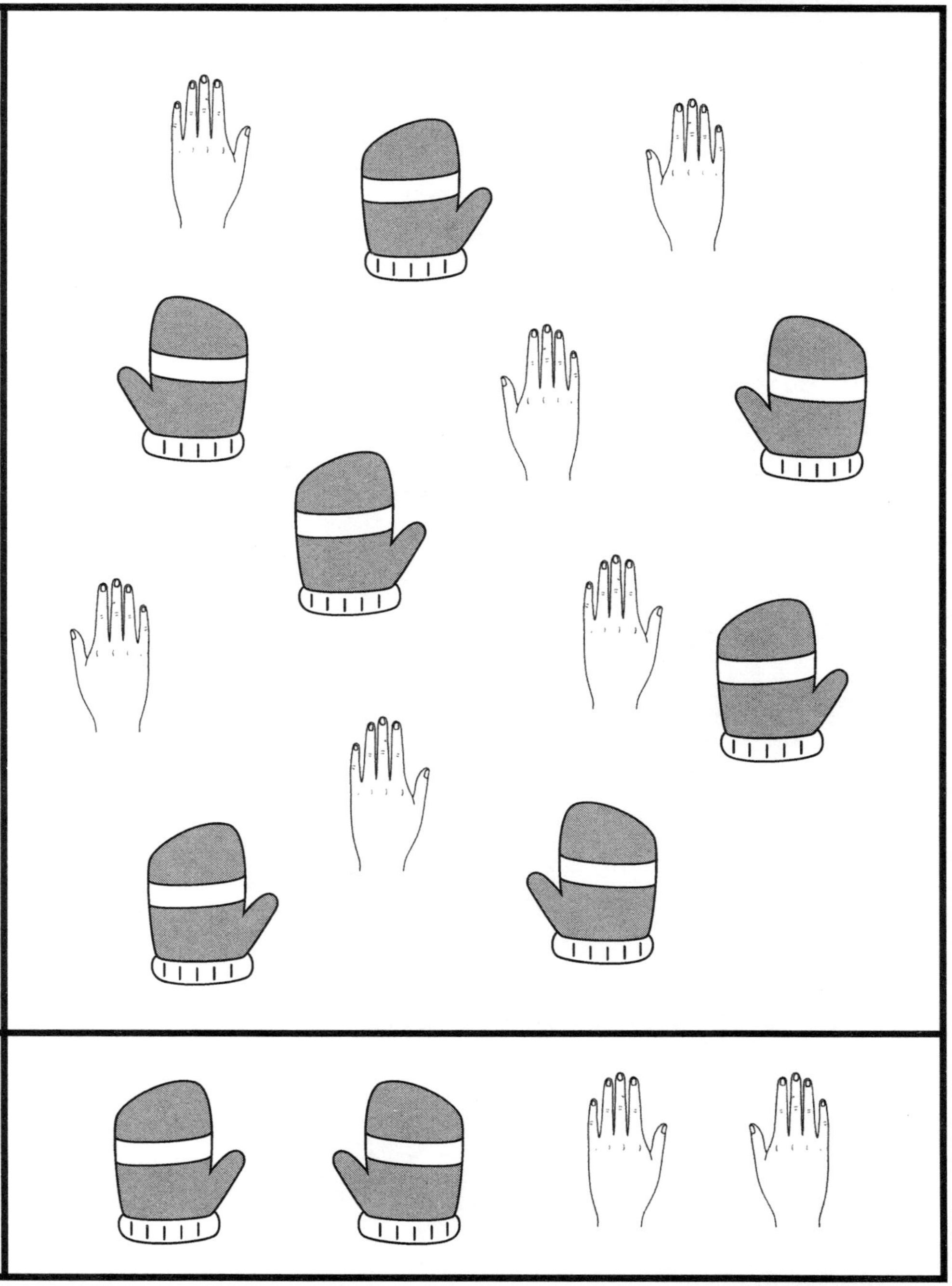

☆関西大学初等部

問題２７

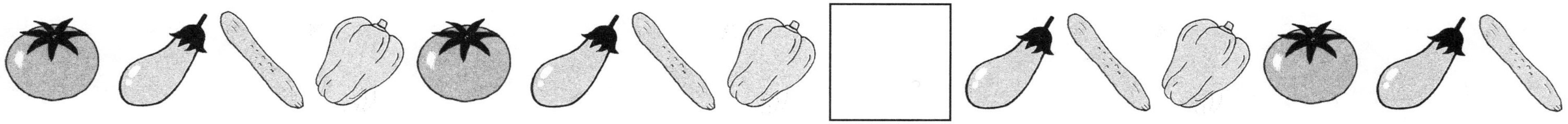

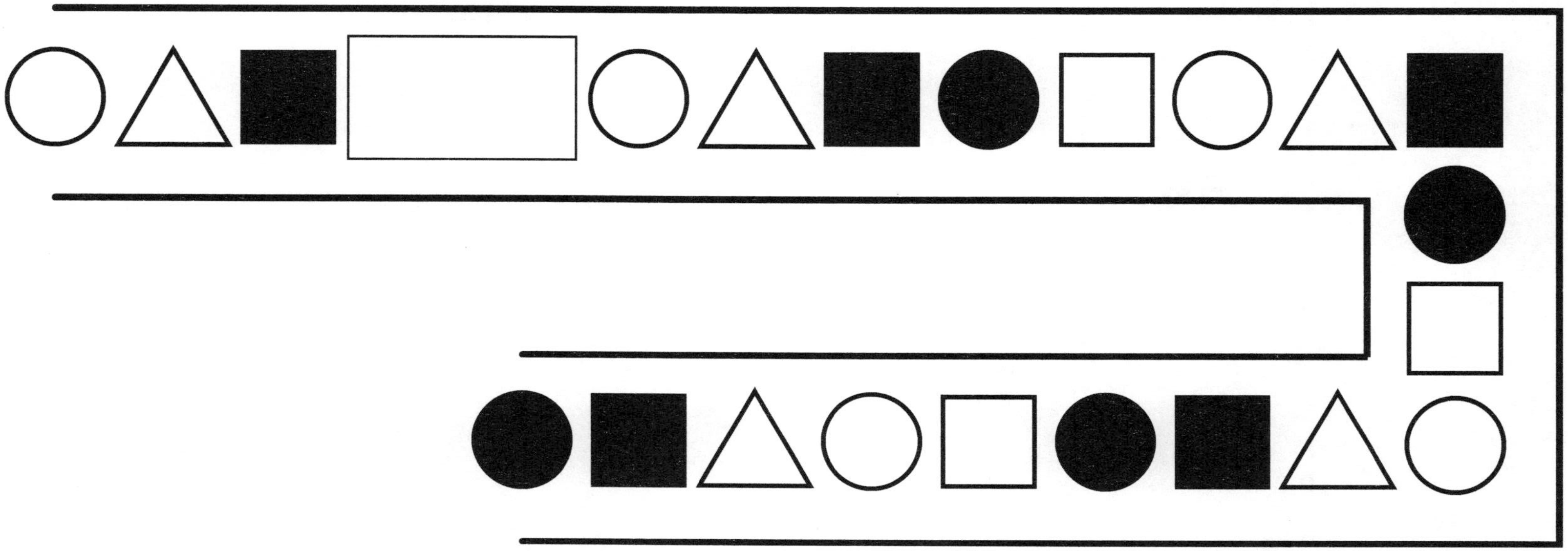

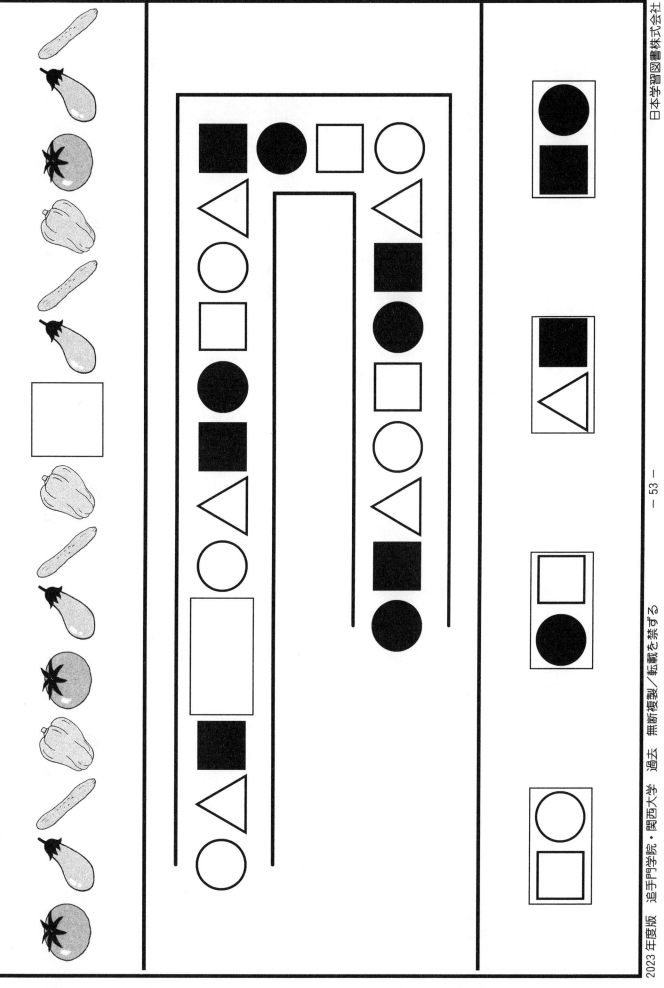

☆関西大学初等部

問題２８

①

③

②

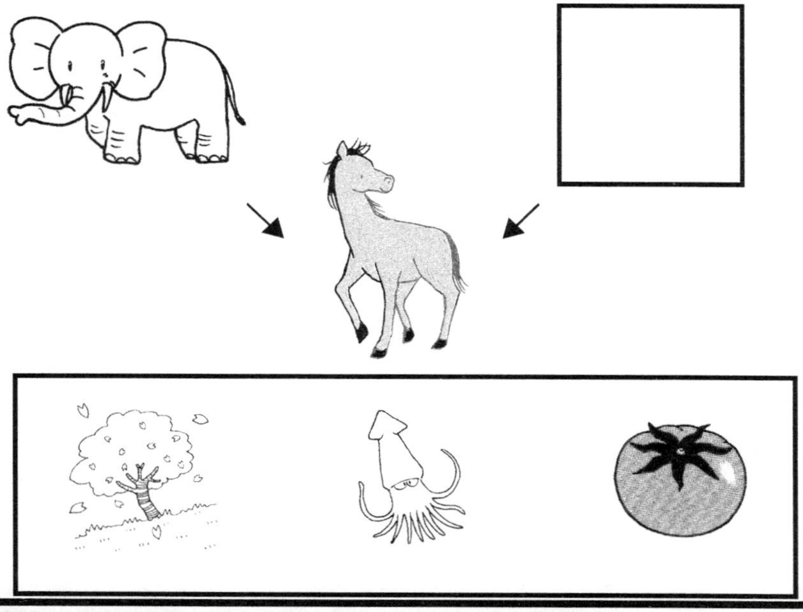

④

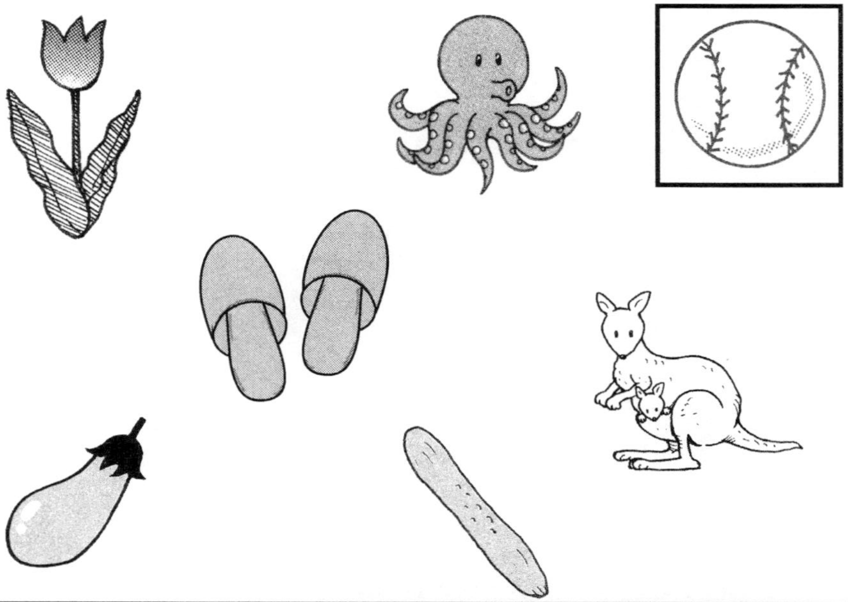

☆関西大学初等部

問題２９－１

①

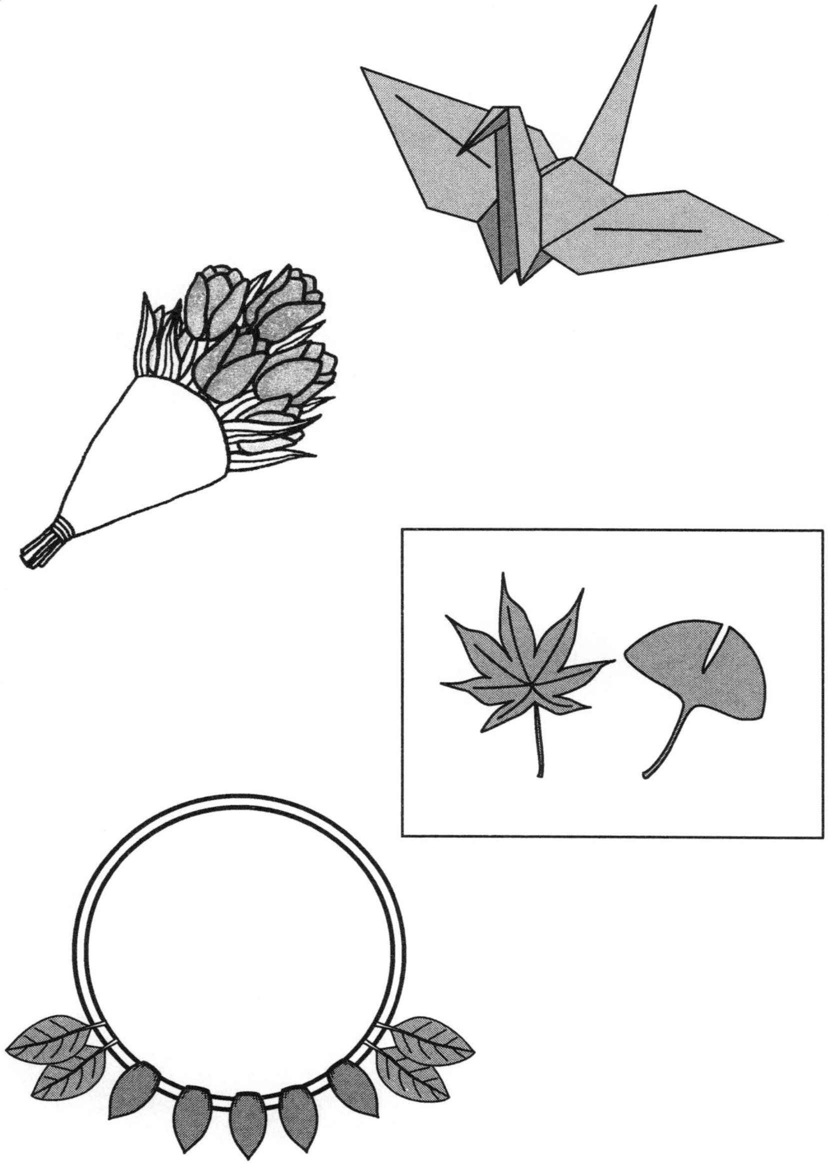

②

☆関西大学初等部

2023年度版　追手門学院・関西大学　過去　無断複製／転載を禁ずる　日本学習図書株式会社

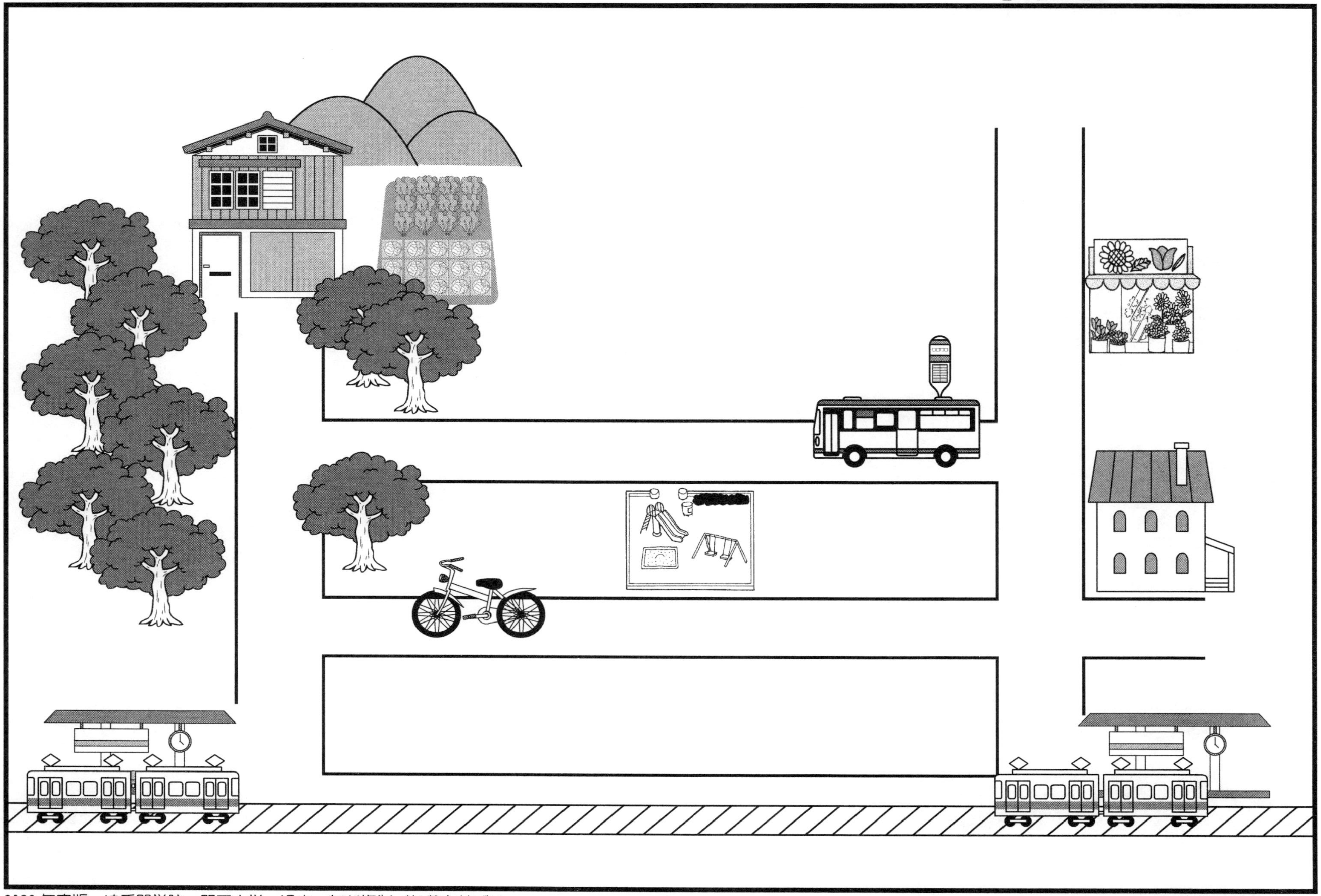

問題29－3

☆関西大学初等部

①

②

2023 年度版　追手門学院・関西大学　過去

日本学習図書株式会社

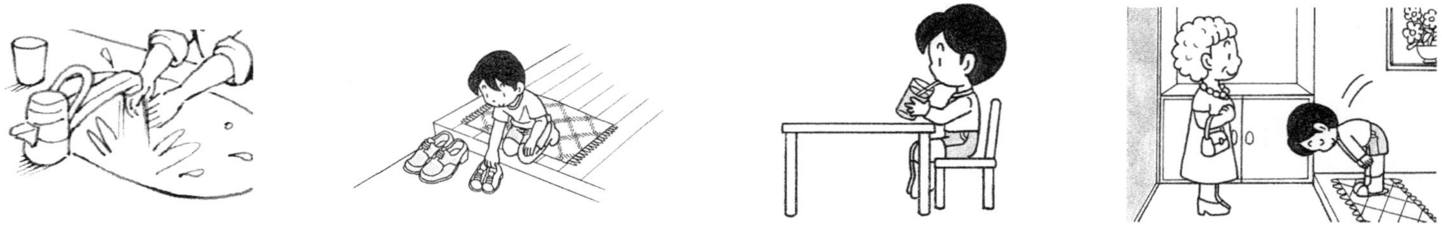

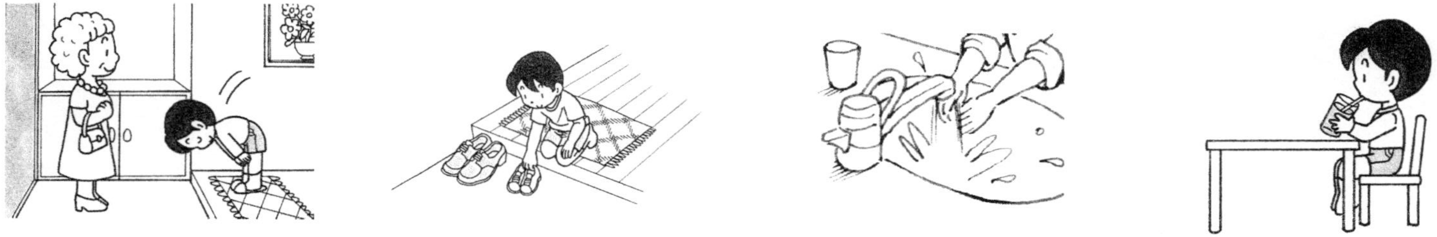

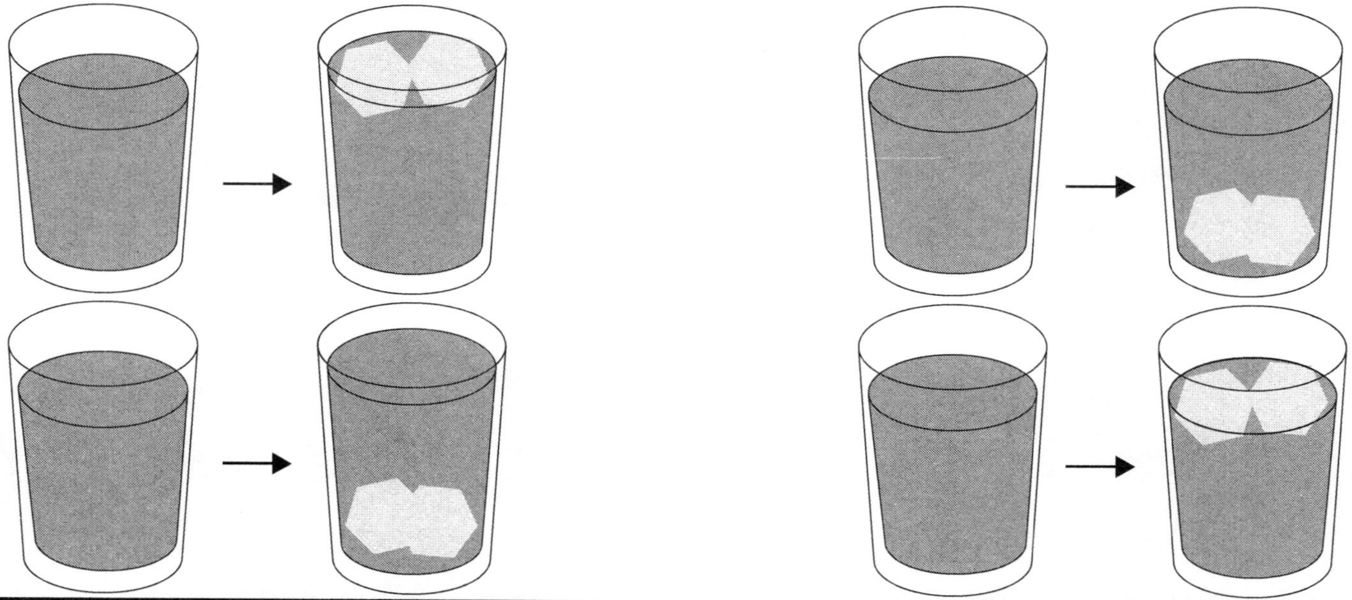

問題３０

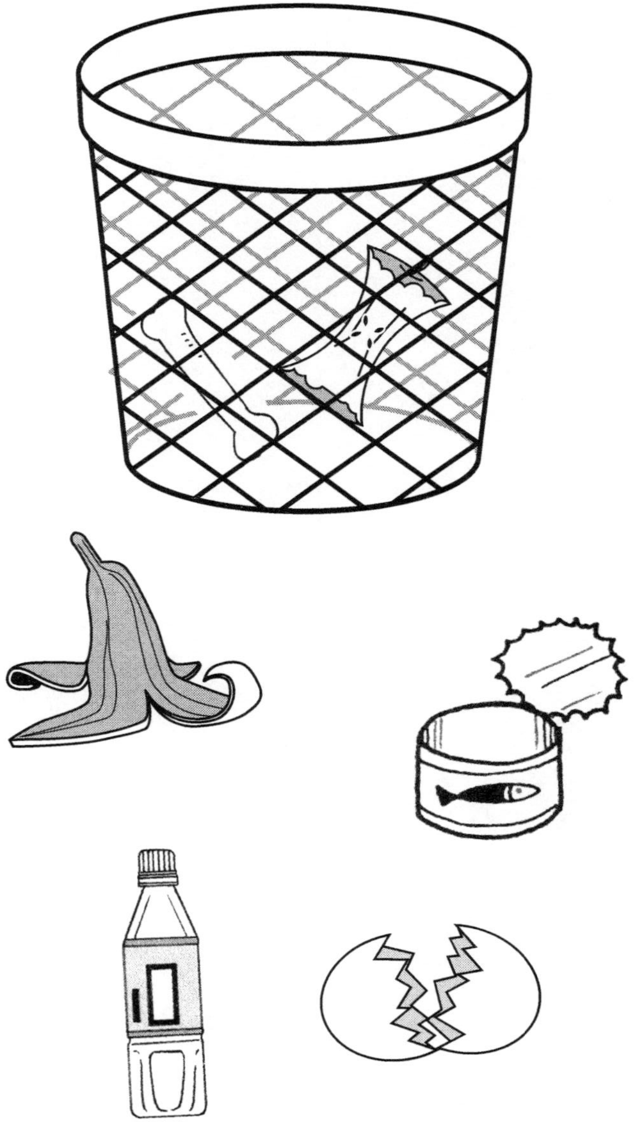

☆関西大学初等部

問題３１

①

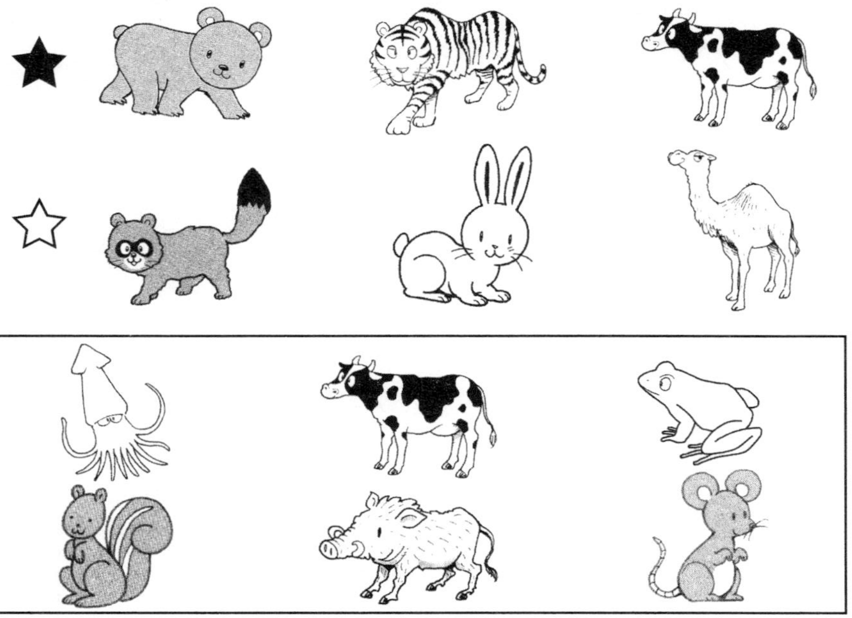

③

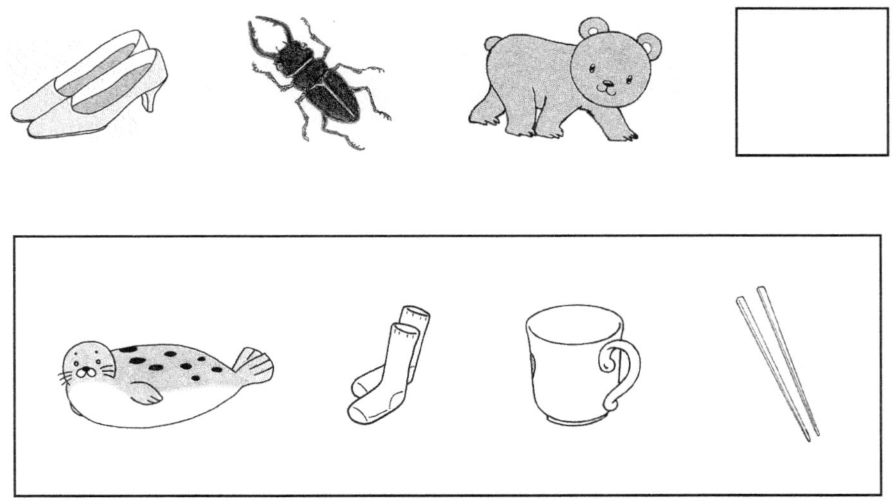

②

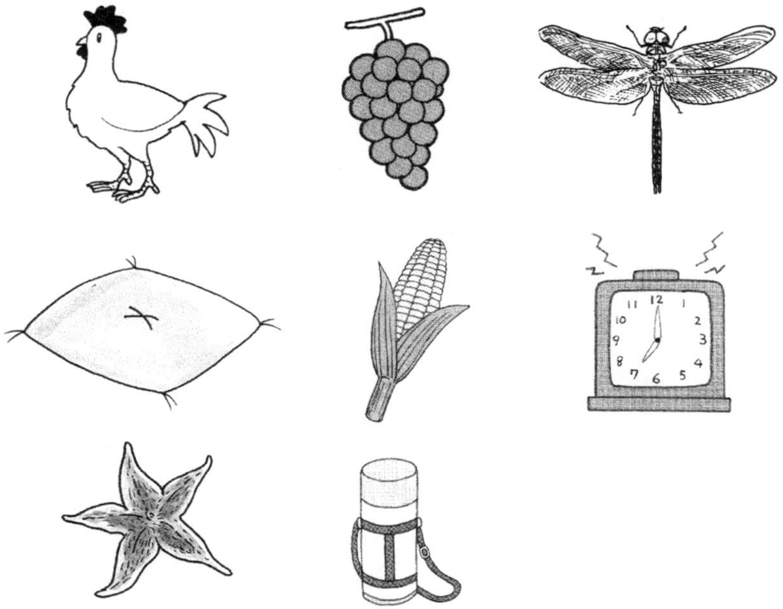

④

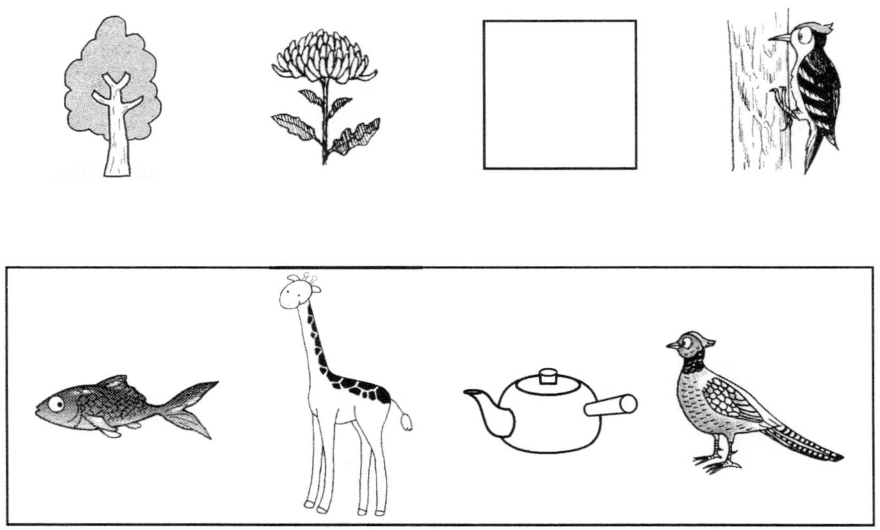

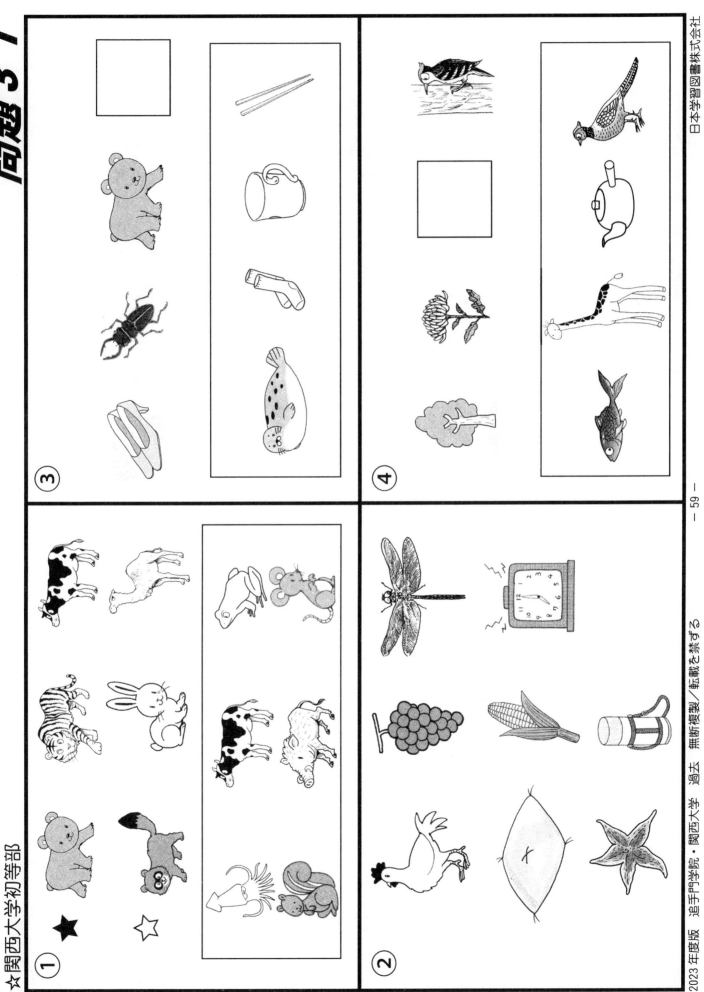

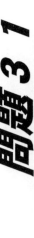

問題 32

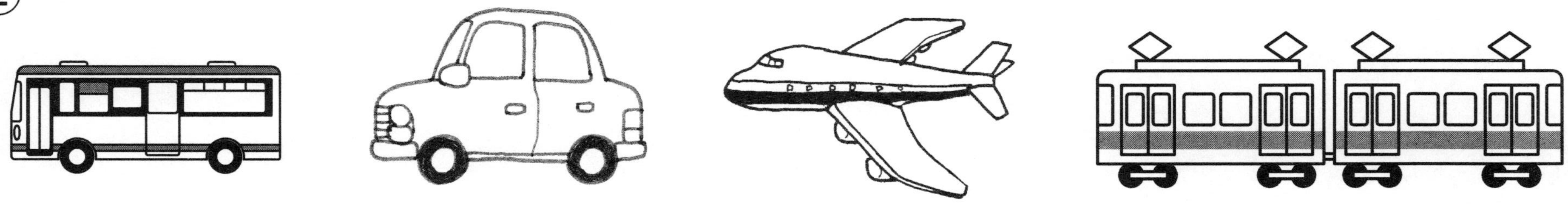

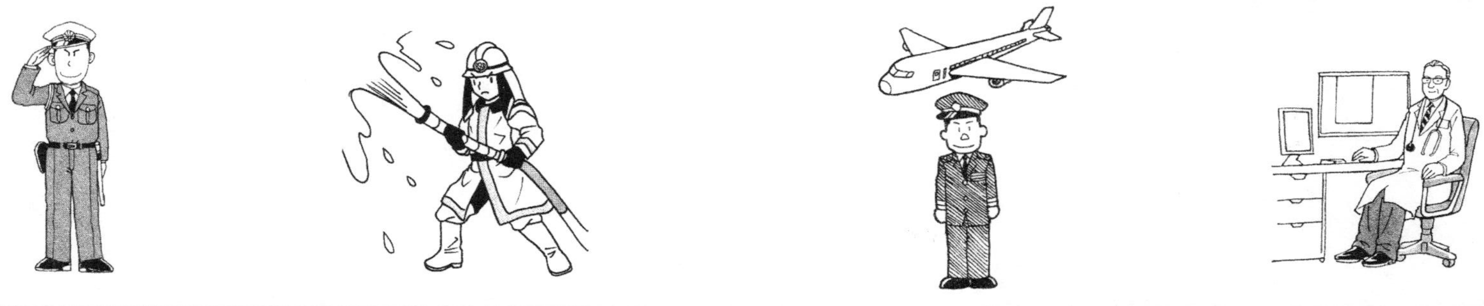

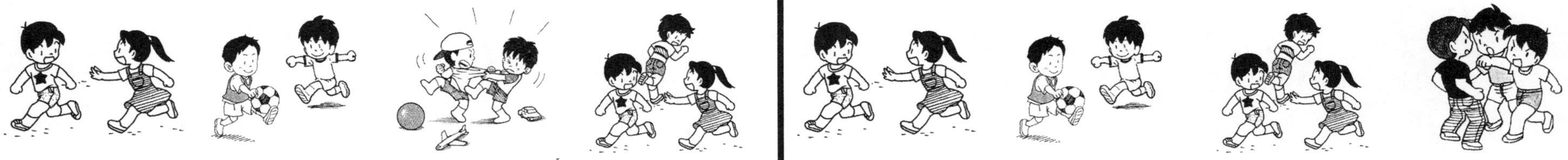

問題33

☆関西大学初等部

①

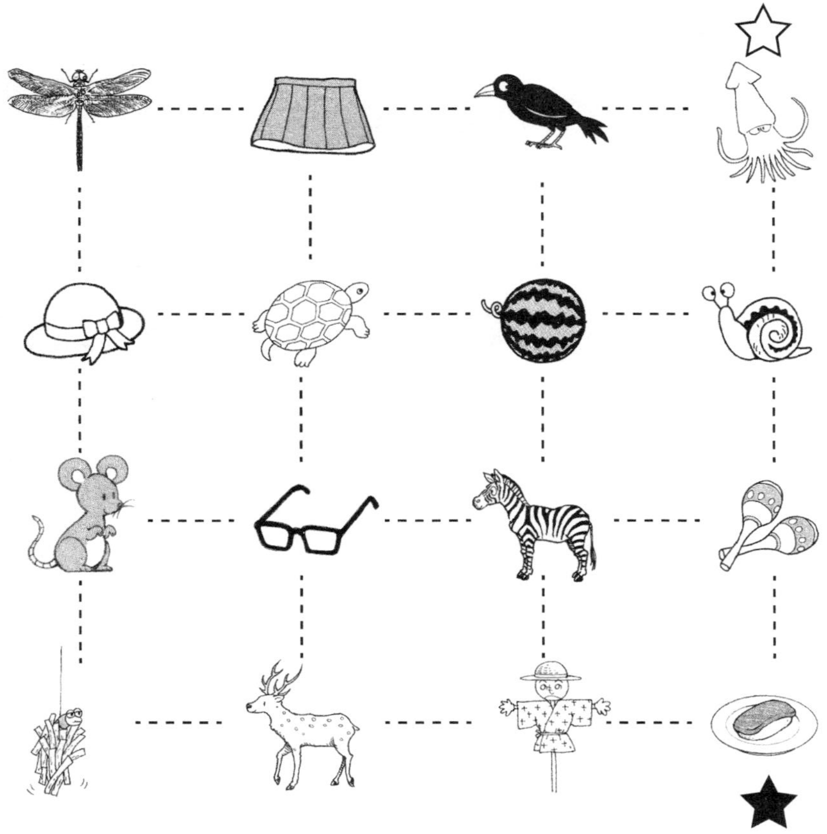

②

問題３４

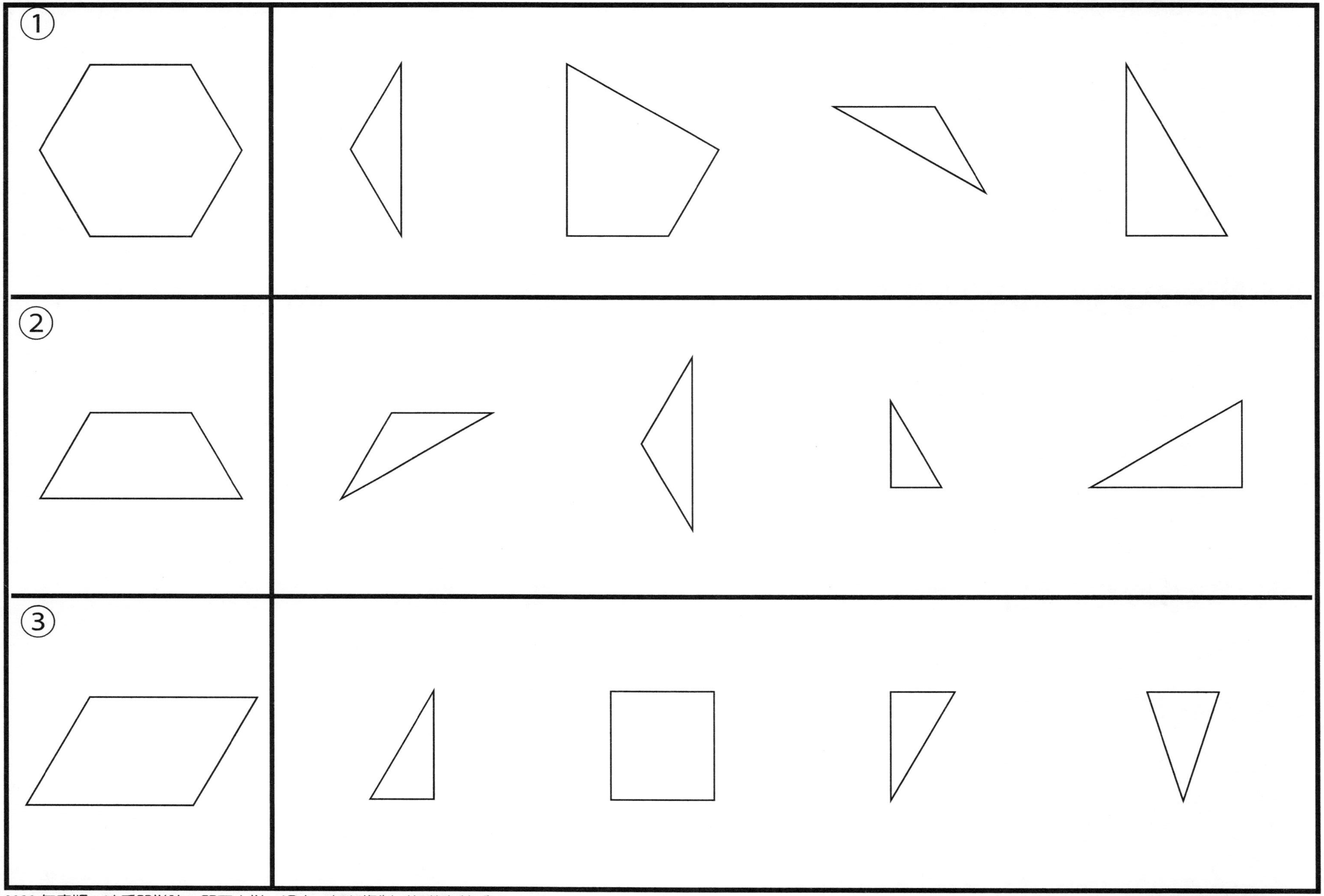

　

問題35

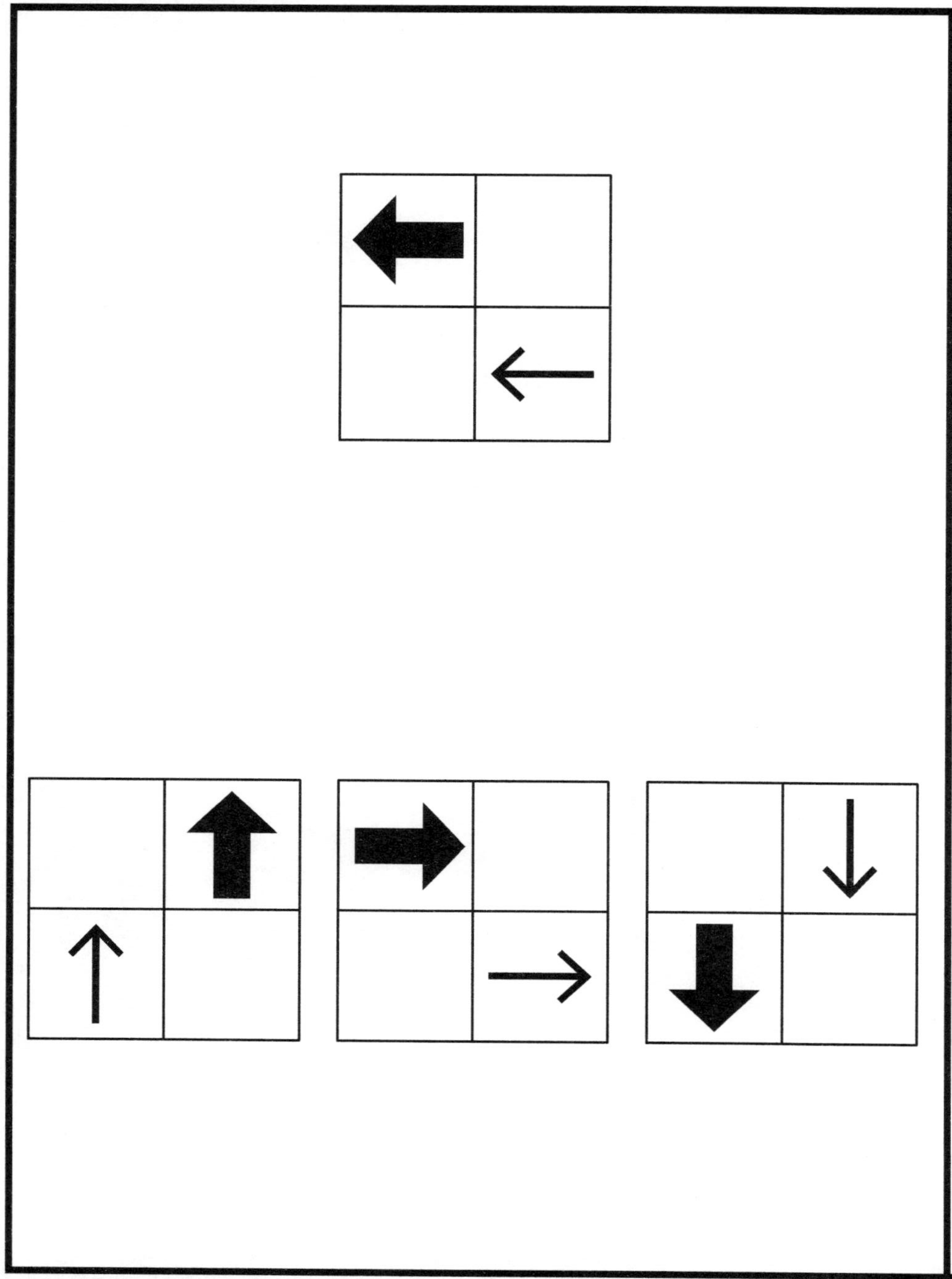

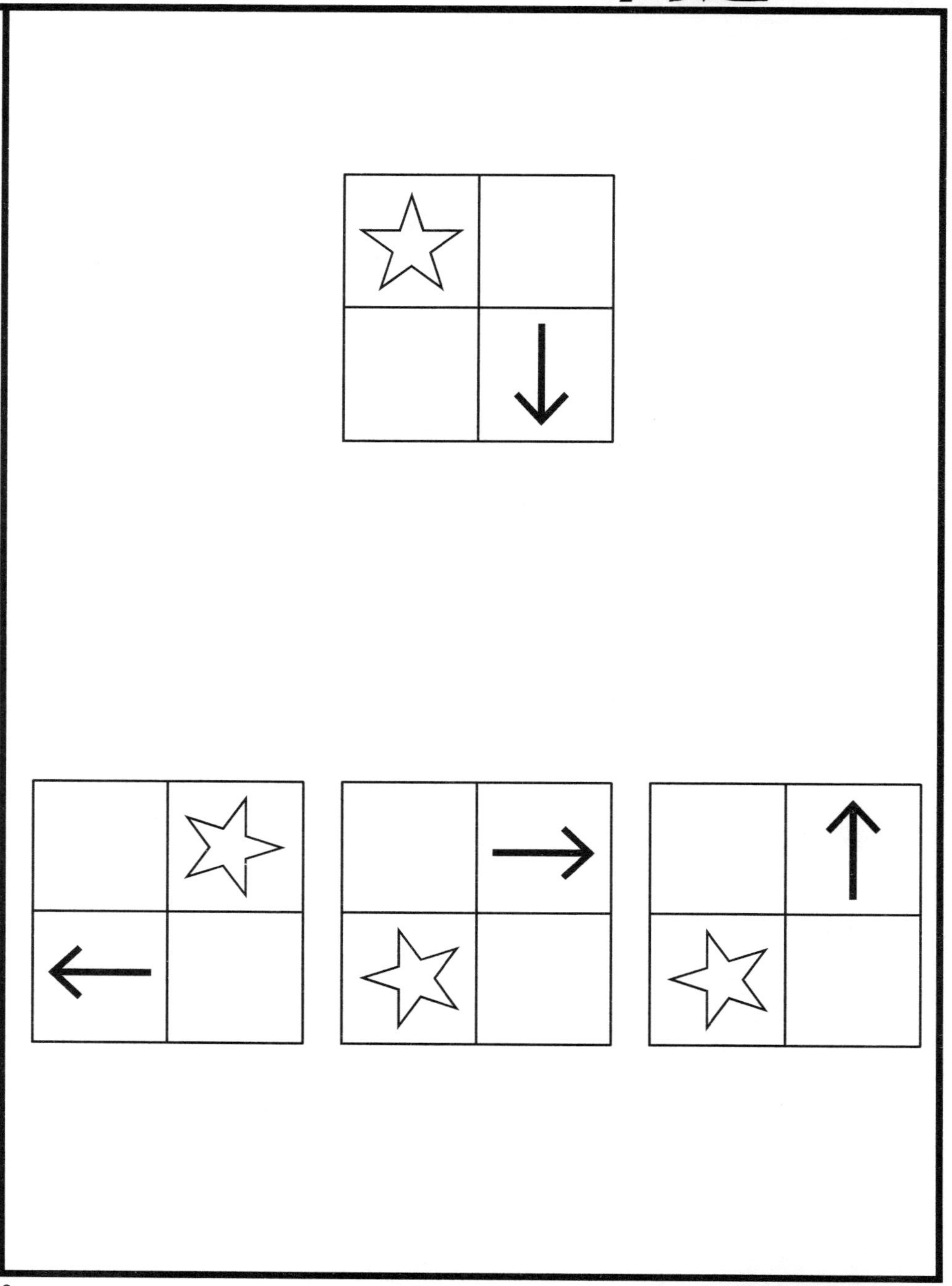

☆関西大学初等部

問題36

☆関西大学初等部

問題３９

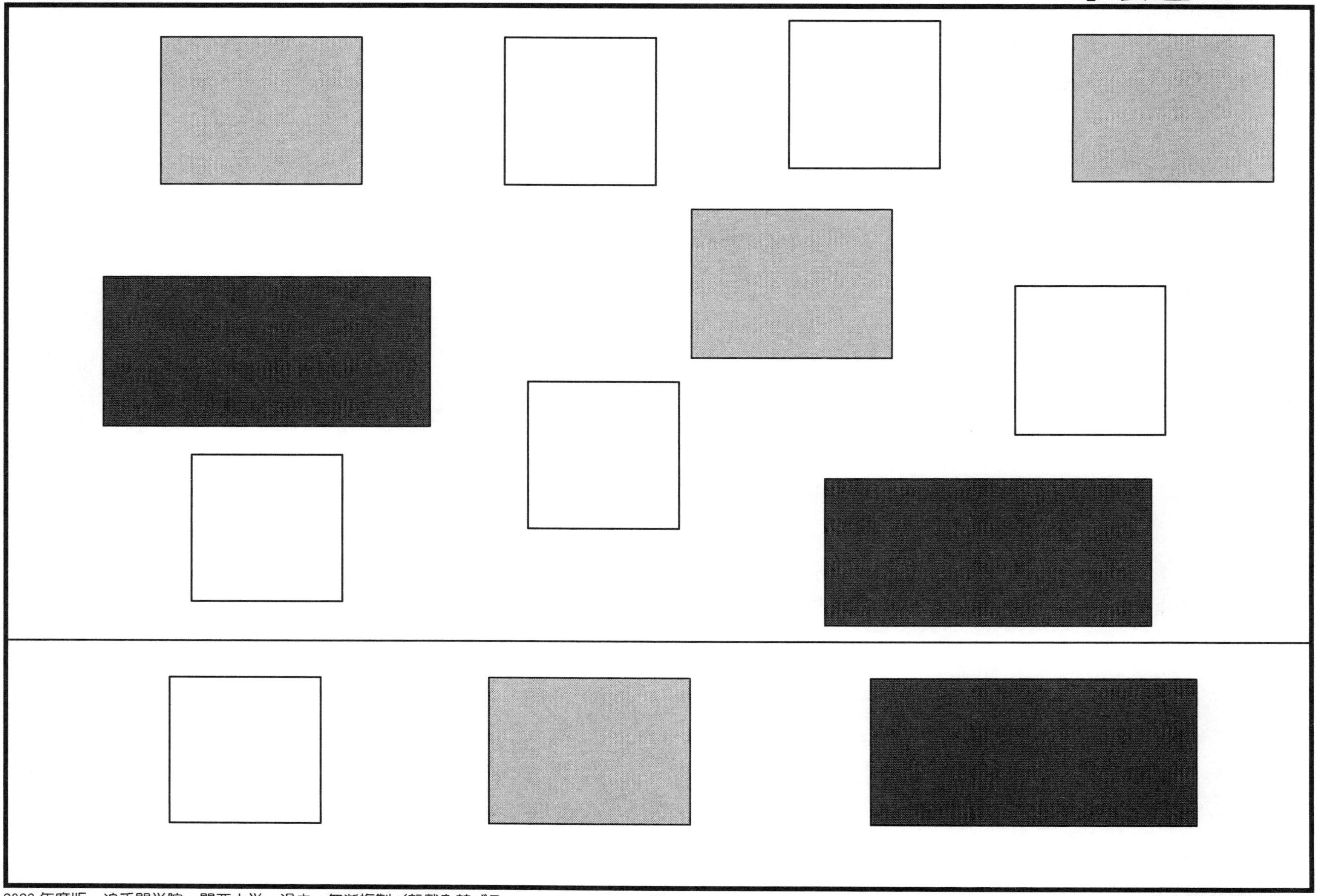

☆関西大学初等部

問題４０

①

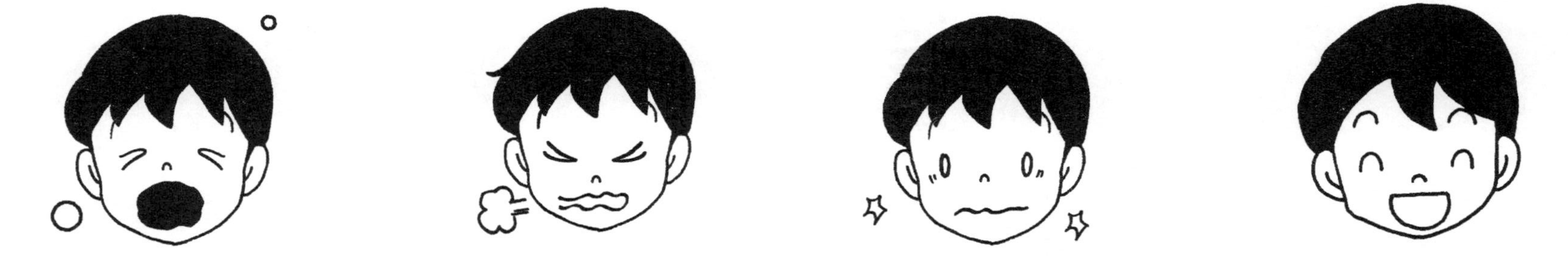

②

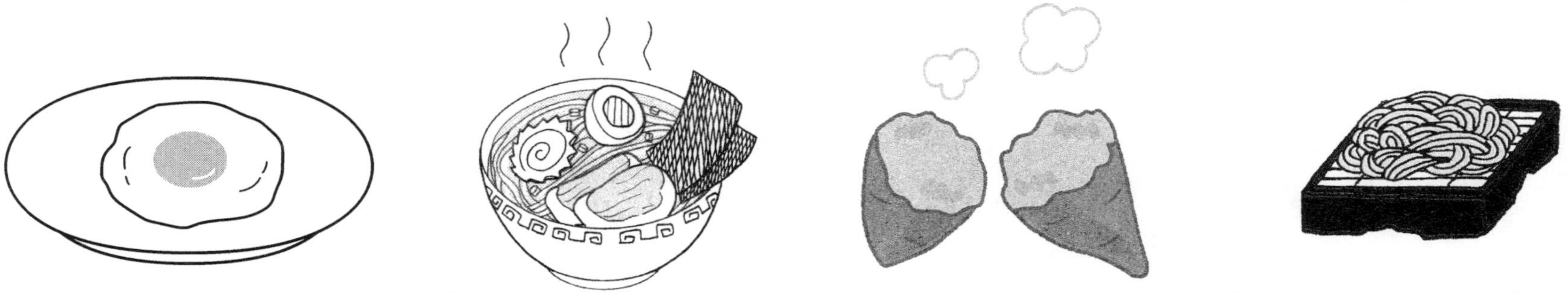

③

④

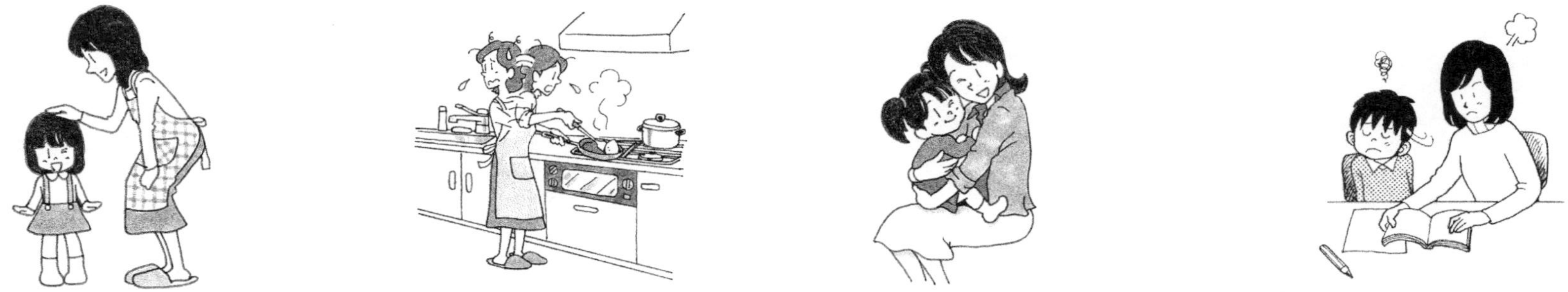

☆関西大学初等部

問題41

①

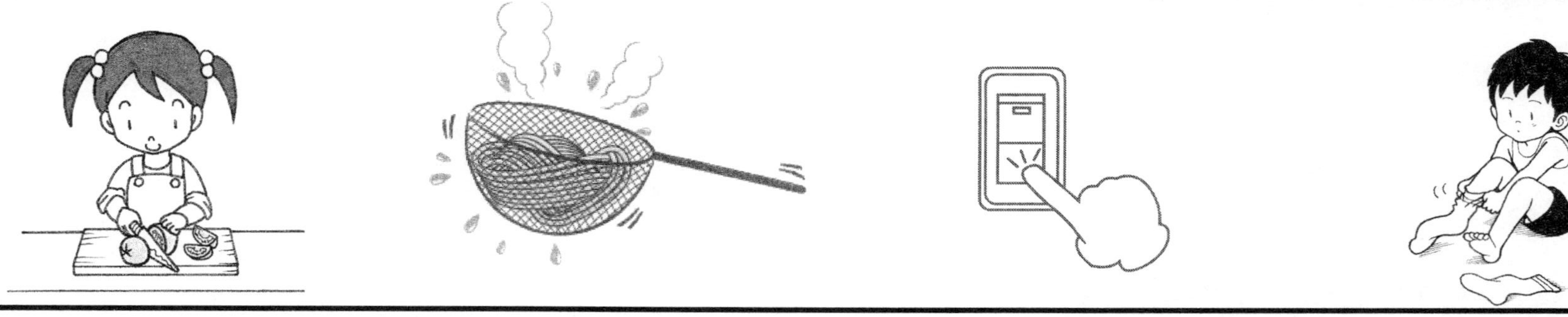

②

③

④

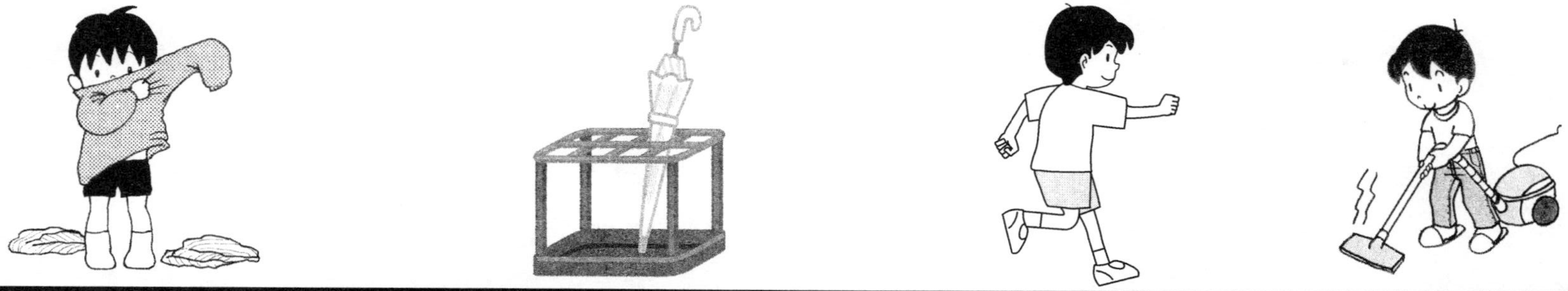

日本学習図書株式会社

☆関西大学初等部

問題４２

①

②

☆関西大学初等部

問題４３

①

②

③

④

①

②③

④

⑤

☆関西大学初等部

日本学習図書株式会社

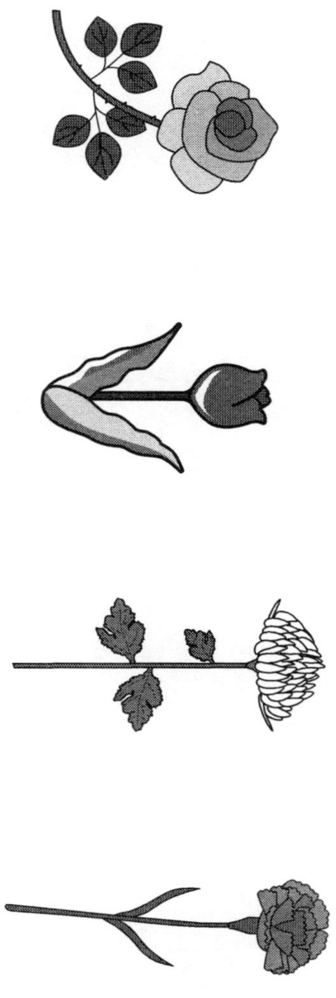

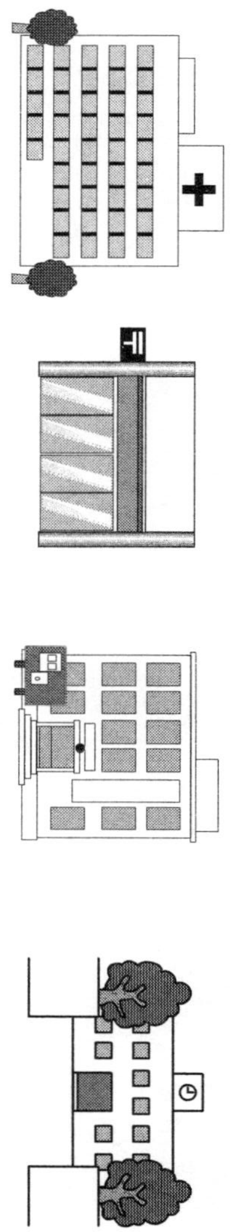

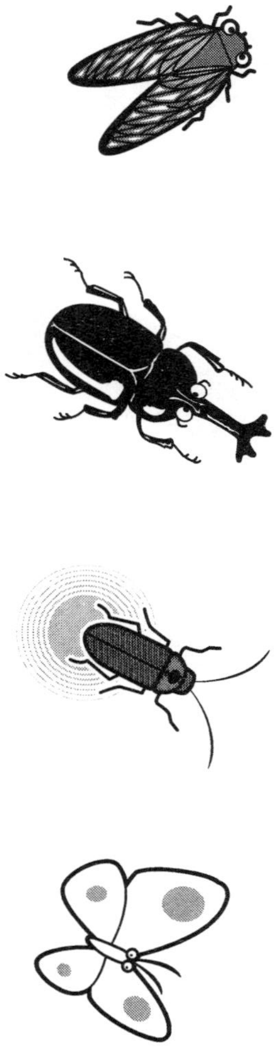

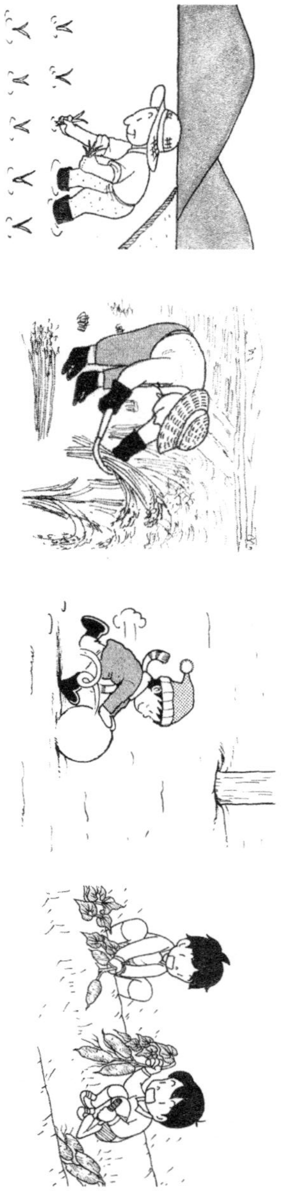

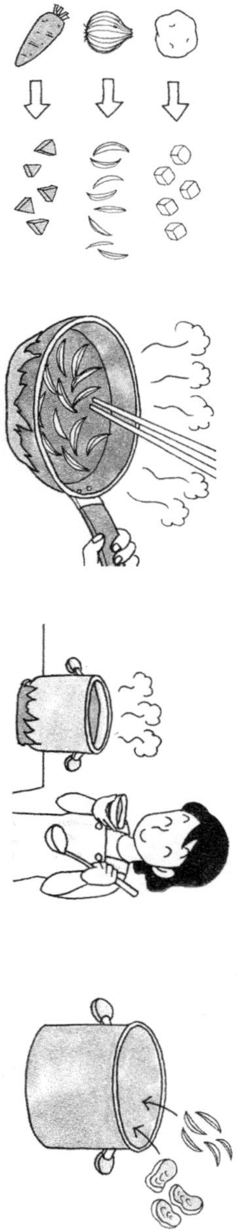

☆関西大学初等部

2023 年度版　追手門学院・関西大学　過去　無断複製／転載を禁ずる　　日本学習図書株式会社

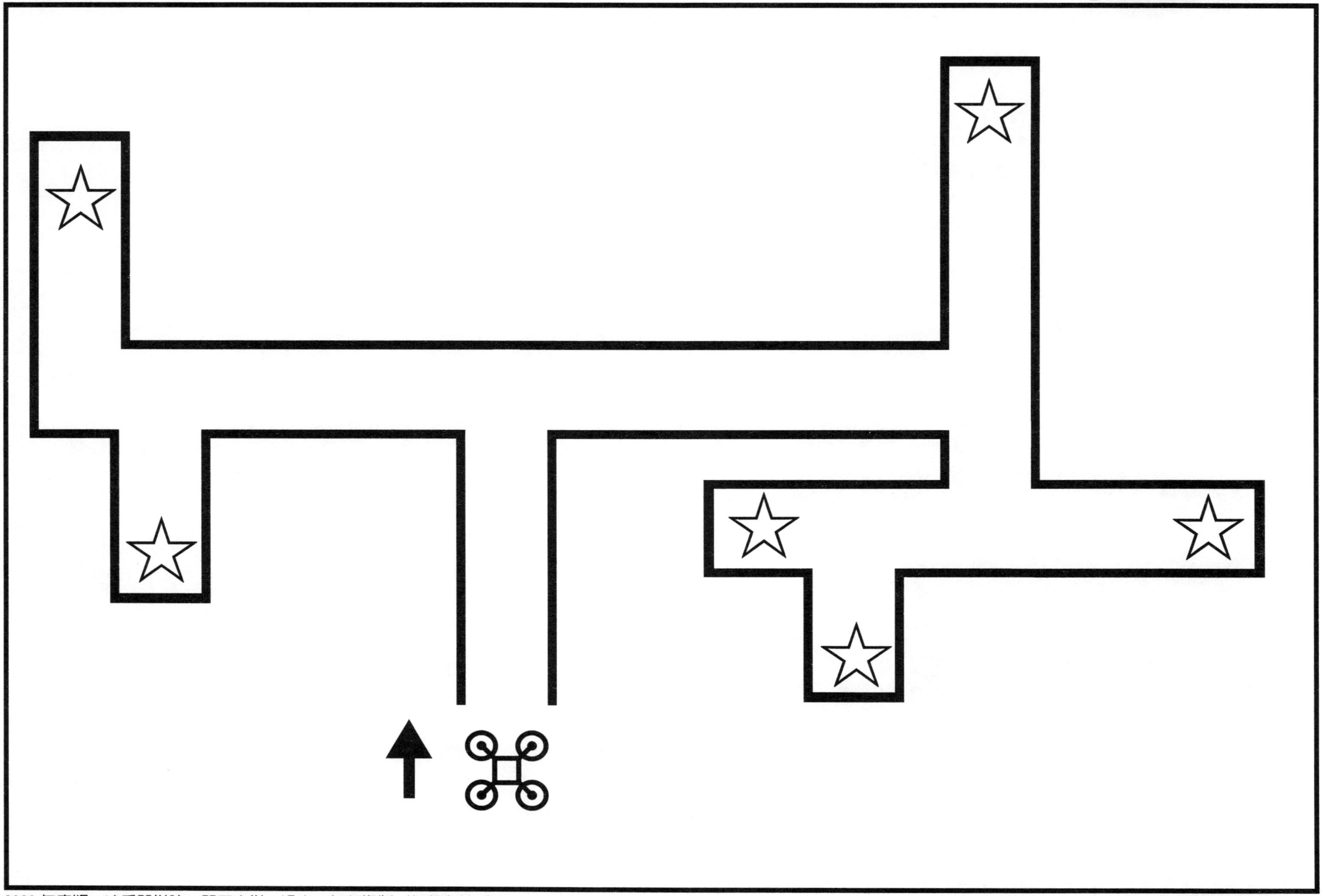

☆関西大学初等部

問題４６

①

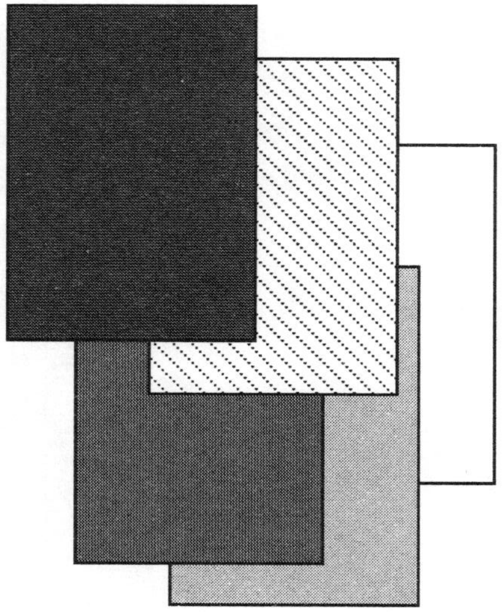

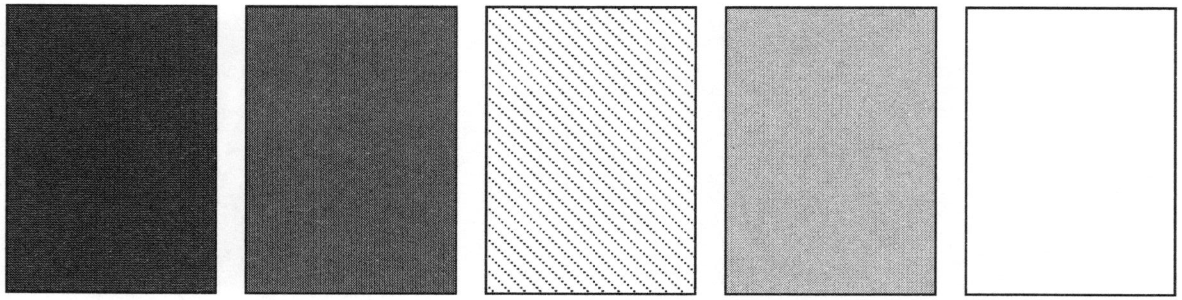

②

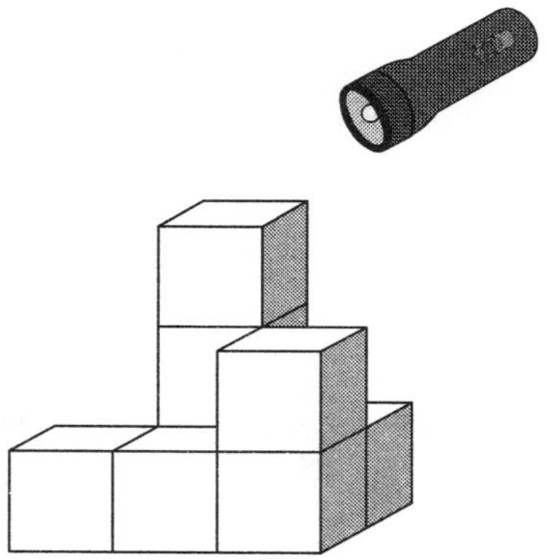

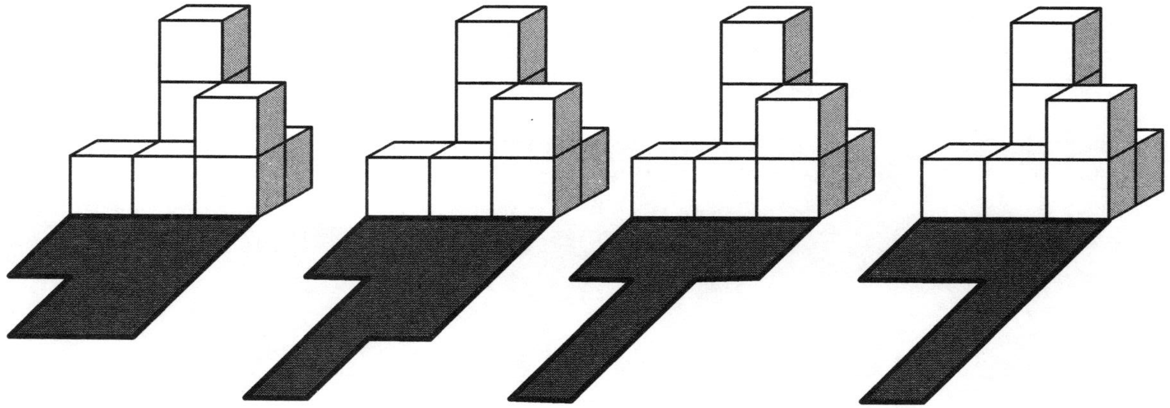

問題４７

日本学習図書株式会社

2022年度入試
解答例・学習アドバイス

解答例では、制作・巧緻性・行動観察・運動といった分野の問題の答えは省略されています。こうした問題では、各問のアドバイスを参照し、保護者の方がお子さまの答えを判断してください。

問題25　分野：数える

〈解 答〉　ナス7、トマト5、キュウリ6、サツマイモ8

ばらばらに描いてあるものを数えるときは、数えたものに印をつけていく方法があります。また数えるときには、出だしを同じ方向からスタートするようにしていくことをお勧めします。この問題のように、実物として存在するものは探しやすいのですが、○、△、□のように記号の場合は数え漏れが出やすいので、このような記号を描いた練習もしておくように心がけてください。

【おすすめ問題集】
1話5分の読み聞かせお話集①・②、お話の記憶問題集 中級編・上級編、
Ｊｒ・ウォッチャー19「お話の記憶」

問題26　分野：1対1の対応

〈解 答〉　①セミ②てぶくろ

数の少ない方に収まりますので、数の多い方がはみ出します。ここではセミが多く、虫かごが少ないのでセミがはみ出します。問題の要求していることを理解していて、数え違いしなければ問題として難しくはないでしょう。右の問題は手も手袋も右手と左手の2つで1つのセットになります。これはくつしたと足などにも言えることです。そのことを頭において数えていきましょう。

【おすすめ問題集】
Ｊｒ・ウォッチャー11「いろいろな仲間」

問題27　分野：系列

〈解 答〉　①トマト　②左から2つ目

まず並んでいる前後を見て、同じものがならんでいるところの前後を見て、どのように並んでいるのかを考えてみましょう。■のところでは□の後にナスが来てます。ナスの前の絵を探してみるとトマトが来ています。このようにほかのところで探すことができます。②も同じように○の前を探してみます。●の前は■です。このように考えて解答を見つけていく基本を身に着けてください。指を置いて見つけていく方法もありますが円形などの形に書かれ出題された場合、戸惑いが出ることがありますので、解答のノウハウを先に覚えることは避けたいものです。

【おすすめ問題集】

Ｊｒ・ウォッチャー14「数える」

問題28　分野：言語（音つなぎ）

〈解 答〉　①クリ　②トマト　③トンボ、ボウシ、デンワ　④チューリップ、カンガルー

このような言語の問題は、いかに言葉を知っているかによって、正解率が違ってきます。語彙数の多い方が強みです。日頃の読み聞かせや会話から覚える言葉は、相当身に付きます。拗音、濁音、長音など様々なものを自然と日常の生活で身についているはずですが、あらためて認識していないだけのことがほとんどでしょう。言語の問題は用意することなく学べます。遊びながらしりとりや、同頭音、同尾音など取り入れ言葉を増やしていきましょう。

【おすすめ問題集】

Ｊｒ・ウォッチャー18「いろいろな言葉」

問題29　分野：個別テスト・口頭試問（お話の記憶）

〈解 答〉　① 落ち葉で作った装飾品　②　サツマイモ
省略　①上から２段目　②左上

①の問題は記憶の問題ですが、常識から判断してもわかる問題でもあります。また②の問題でも、ジュースや水などに氷を入れることは日常あることです。氷を入れて水があふれたことはありませんか。このようなことは考えるヒントにはなりませんか。普段の生活で学ぶことが、小学受験の基本であることがほとんどです。

【おすすめ問題集】
新口頭試問・個別テスト問題集、新ノンペーパーテスト問題集

問題30　分野：常識

〈解 答〉　左側　サッカーをしている子供たち　右側　バナナの皮、卵の殻

常識の問題ですが、普段の生活で身についている優しい問題です。ほぼ正答が100パーセントと考えてもよい問題です。いえることは早とちりの無いように注意することです。

【おすすめ問題集】
Ｊｒ・ウォッチャー12「日常生活」

問題31　分野：言語（音数・同音・音数）

〈解 答〉　①〇ウシ、リス　△カエル、ネズミ　②　ニワトリ、ざぶとん、すいとう　③くつした　④　キリン

左側の音数の言葉は語彙数が豊富であれば難しい問題ではないでしょう。右側の上は、「ク」で始まる言葉を求めている問題です。下の問題は音数が１つずつ増えていく言葉について要求している問題です。言語の問題は、読み聞かせをすることや、図鑑などを見たり、日ごろのコミュニケーションが取れているかにより言葉習得の多少に差が出ます。

【おすすめ問題集】
Ｊｒ・ウォッチャー17「言葉の音遊び」、18「いろいろな言葉」60「言葉の音」

問題32　分野：記憶（お話の記憶）

〈解 答〉　①右から２番目　②電車　③左端（警察官）　④左

話の記憶の問題は他校より多く出題されていると思われますが、問題そのものは、難しいものではありません。集中して聞いていれば、正解できる問題ではあります。ということはほかの受験者にもいえることで、点数の取りやすい問題でもあります。注意することは正しいものを選ぶのか、違う方を選ぶのかを聞き違えの無いように、問題は最後まで聞く習慣をつけてください。

【おすすめ問題集】
Ｊｒ・ウォッチャー19「お話の記憶」

問題33　分野：複合（しりとり・推理思考）

〈解 答〉　左側　イカ−カラス−スイカ−カメ−メガネ−ネズミ−ミノムシ−シカ−カカシ−シマウマ−マラカス−スシ　右側　真ん中

記憶の問題同様言語の問題が頻出されています。しりとりは何の用意もなく進められる勉強の一環ですが、物の名前とそのものの形が一致しなければ、絵で判断する問題は、難しくなります。できれば図鑑などを見ながら、覚えていくことで、ものと名前が一致するようになります。右側は話を聞いていれば難なくできる問題でもあります。筆記具の持ち方、使い方にも配慮して観てください。

【おすすめ問題集】
Ｊｒ・ウォッチャー17「言葉の音遊び」、19「お話の記憶」

問題34　分野：図形（構成）

〈解 答〉　① 右端　②左から２番目　③　右端

このような構成の問題は、いろいろな形を作って、いくつかに切り、組み立てていくような具体物を使って学ぶ方が理解が早く、正確に学べるでしょう。おおよその形は三角形、四角形に分割することができます。ピースの数の少ないパズルなども学ぶ1つの方法です。

【おすすめ問題集】
Ｊｒ・ウォッチャー８「対称」

問題35　分野：図形（回転図形）

〈解 答〉　左側　真ん中　右側　右端

回転の問題です。２つの記号が書いてありますが、わからなければ１つの記号のみに集中して動かしてみましょう。このようにして回しながら、記号の向きを見ていけば、回した回数で描いてあるものの向きの動きがわかります。何度回してもあり得ない向きの記号も分かってきます。そのあとにもう１つの記号を動かしながら見ていけば解答が見いだせるのではないでしょうか。書いてある模様全部で答えを見出すのが難しいときになんどか、回転させていると向きが理解できるようになります。注意することは、書いてあるものの移動位置とどの方向に向いていくのかです。このような問題も初めは具体物でしっかり理解するようにしていくことをお勧めします。

【おすすめ問題集】
Ｊｒ・ウォッチャー６「系列」

問題36　分野：図形（展開図）

〈解 答〉　① 左端　②左から２番目　③　左端　④右端

解答後正解なのかどうなのか、実際に切って答え合わせをしてみることをお勧めします。正解に導くアドバイス、お子様の考えなどを合わせていくと、理解が早まるでしょう。図形の苦手なお子様には、まず、具体物を使い基本を習得し、それからペーパーに移行していくこが、苦手意識を薄めていく方法の１つでもあります。お勧めします。

【おすすめ問題集】
　Ｊｒ・ウォッチャー５「回転・展開」

問題37　分野：行動観察（巧緻性）

〈解 答〉　省略

モニターに映し出される折り紙の折り方を見て、作業をする問題です。人は、対面で説明されるよりも、モニターを通して説明を受けた時の方が理解度が落ちるといわれています。これは、問題を録音機器を通して出題する場合も同じです。そのため、対面で出題されるときよりも集中力が必要になります。お子さまの集中力はいかがでしょうか。問題を解くことも大切ですが、言われたことを一度で理解する力、モニターを注目していられる集中力なども当校の入試では求められます。ここでは折り紙をしましたが、角と角はきちんと合っていますか。雑に折っていないでしょうか。そして、できあがったのもので楽しく遊べるでしょうか。これらの点をチェックしつつ、意欲的に取り組めるようにしましょう。

【おすすめ問題集】
　実践 ゆびさきトレーニング①・②・③、
　Ｊｒ・ウォッチャー23「切る・貼る・塗る」、29「行動観察」

問題38　分野：面接（保護者・志願者面接）

〈解 答〉　省略

面接については、特別な内容が問われているわけではありません。家族、お子さまのこと、学校のこと、教育方針などに大別できます。質問の内容をみていくと、どの質問にしても、保護者としての考え、想いをきちんと持っていることが肝要であり、求められていることだと思います。当校の進学システムは、大学までの進学を見据えており、さまざまな学習プログラムも用意されています。その環境下において、お子さまの成長をどのように見据えているのかという考えは、大切だと思います。特別なことは求められていませんが、面接を受ける際のマナーはきちんと確認をしておいてください。面接当日は非常に緊張します。お子さまへの質問に関しても特別な内容はありません。聞かれたことに対して、すぐに返答できる内容です。しかし、自宅で練習をするときに、保護者の方は、意見と正解が違う場合もあるということを認識して取り組んでください。お子さまの意見は、正解を求められているのではありません。お子さまが思ったこと、考えたことであって、大切なのはそれをどのような表情、意欲で伝えるかです。お子さまの、いきいきとした表情が出せるよう、暖かな気持ちで包んであげてください。

【おすすめ問題集】

新 小学校受験の入試面接Ｑ＆Ａ、保護者のための面接最強マニュアル、
家庭で行う面接テスト問題集

問題39　分野：推理（比較）

〈解 答〉 ○：左（白のテープ）

解答時間が短いので、指をあてがって長さを測っていたりすると時間切れになります。論理的に考えましょう。１番長いものがいくつあって、その次に短いものがいくつあって、１番長いものがいくつあるかを確かめてから、「置き換え」を行います。この問題でわかりやすいのは「１番短いものは１番長いものの半分」ということでしょう。こういった形で置き換えながら「～は～のいくつ分」と考えていくのです。置き換えは最近の小学校入試で頻出する考え方ですから、知っておいて損はありません。また、ほかの問題でも使うことが多いので注意しておいてください。

【おすすめ問題集】
Ｊｒ・ウォッチャー15「比較」、「比較②」

問題40　分野：言語（擬態語・動作を表す言葉）

〈解 答〉 ①左端　②右から２番目　③右から２番目　④左から２番目

感情や行為、状況を表す言葉を選ぶ言語の問題です。小学校入試の問題ですから、生活の中で使う言葉しか出題されません。学習もこうした問題を解くとともに、生活のあらゆる場面で言葉を覚えることを中心にしてください。それも、こうした言葉がある、と教えるよりは保護者の方が会話の中で使い方を聞かせるようにしましょう。「ホクホクというのはね…」と解説するよりは、焼きイモを食べながら「ホクホクしておいしいわよね～」とお子さまに話しかける方が、お子さまはその言葉を理解してくれるのです。小学校入試の知識は言葉に限らず、教えるよりは体験の機会を設けた学習の機会になることが多くあります。

【おすすめ問題集】
Ｊｒ・ウォッチャー18「いろいろな言葉」

問題41　分野：言語（擬態語・動作を表す言葉）

〈解 答〉　①右端　②右端　③右端　④左端

動作を表す言葉を選ぶ言語の問題です。この問題も小学校入試の問題ですから、生活の中で使う言葉しか出題されません。ですから、生活の場面で、「こうすることを掃除機をかけると言います」と説明するよりは「掃除機をかけといて」とお子さまに言っておいた方が言葉を覚えるのです。安全に配慮する必要はありますが、できるだけお子さまにお手伝いをさせたり、外出した時などに体験させることを意識しておきましょう。当校では、お子さまには少しむずかしい言葉が出題されることがあります（「湯を切る」など）。体験を多く積むことでこうした問題にも答えられるようにしておきましょう。

【おすすめ問題集】

Ｊｒ・ウォッチャー18「いろいろな言葉」

問題42　分野：お話の記憶

〈解 答〉　①リンゴ（真ん中）　②水を入れたバケツ（左から２番目）

当校のお話の記憶で扱われている短いもので、設問もお話の内容に沿ったものしか出題されていないので、きちんと聞き取れれば難しくない問題です。きちんと聞くということは「お話のポイント」を押さえる、ということでもあります。「誰が」「何を」「どうした」といったこと正確に記憶して、それを頭の中で並べ替えられるようになればほとんどの問題には答えられるでしょう。お話の聞き方は、慣れてくると自然に身に付くことではありますが、最初のうちはその助けを保護者の方がしてください。お話の途中で「ここまでのお話のあらすじを言ってみて」と聞くと、お子さまがそれをどれだけ身に付けているかがわかります。

【おすすめ問題集】

１話５分の読み聞かせお話集①・②、お話の記憶 初級編・中級編、
Ｊｒ・ウォッチャー19「お話の記憶」

問題43　分野：常識（複合）

〈解 答〉　①○：5　②○：5　③○：3　④○：4

ランダムに並べられていますが、全体の数は多くないので、落ち着いて数えることができればそれほど難しい問題ではありません。ひと目で数がわかないようなら、1つひとつに「✓」をしてもよいでしょう。ただし、「色を塗る」という作業があるので時間配分には気を付けてください。のんびりやっていると「わかっているのに答えられなかった」ということにもなりかねません。もしお子さまの作業が遅いようなら、作業のスピードだけでなく、筆記用具の持ち方、塗り方なども見てあげてください。意外と間違っている場合があります。

【おすすめ問題集】

Ｊｒ・ウォッチャー14「数える」、37「選んで数える」、38「たし算・ひき算1」、39「たし算・ひき算2」

問題44　分野：常識（複合）

〈解 答〉　①キク（右から２番目）　②警察署（右から２番目）
③チョウ（右端）　④田植え（左端）　⑤味見（右から２番目）

短いお話を聞きながら、常識について答える問題です。お話の場面や流れも理解しないと答えられないので、意外と難しい問題かもしれません。例えば⑤は「山から下の景色を双眼鏡で見る」という状況とこのお話の季節という2つのことを聞き取っていないと「田植えは5月～6月に行われるもの」という知識があっても答えられないわけです。対応するには「正確に聞き取る」ことと「落ち着いて答える」ということを両立させる必要があります。なかなか難しいことではありますが練習しておいてください。なお、聞かれる常識もお子さまにとっては難しいものが多くなっています。こちらは問題集などで知識を補強しておきましょう。

【おすすめ問題集】

Ｊｒ・ウォッチャー11「いろいろな仲間」、27「理科」、34「季節」、55「理科②」

問題45　分野：推理（迷路）

〈解 答〉 下図参照

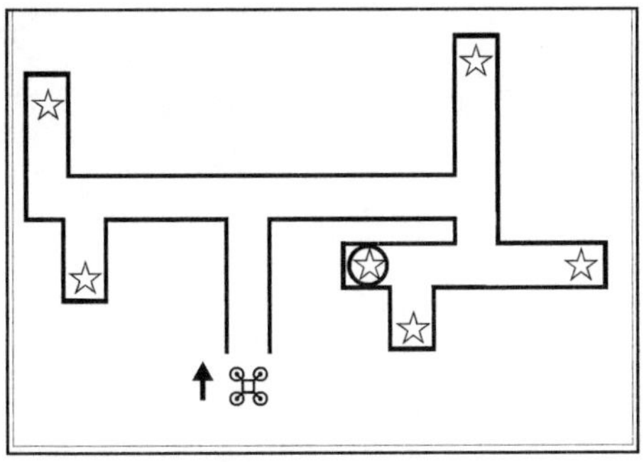

条件迷路の問題です。こうした問題は条件、つまり迷路を進む上でのルールを理解してから考えるようにしてください。慌てていると、そうしたことをよく聞かないで問題をとき始めてしまうものです。解き方としては、鉛筆でドローンの進む道に線を引いていけば、自然と答えにがわりますし、間違えないでしょう。それほど難しい問題ではありません。イラストの右・左がよくわからなかった場合や、この絵が俯瞰（上から見た図）ということがわからなかった場合は小学校受験の問題すべてにまだ慣れていないということです。できる範囲で各分野の基礎問題集からおさらいをしてみてください。

【おすすめ問題集】

Ｊｒ・ウォッチャー７「迷路」

問題46　分野：図形（図形の構成、回転図形）

〈解 答〉 ①右端　②左から２番目

①は紙の重なりの問題です。あまり出題されませんが、出題パターンはこれしかないので、この問題を充分理解しておけば大丈夫です。考え方としては１番上の紙から２番目の紙と順々に確かめていってください。それで答えが自然に出ます。②は影についての問題ですが、これもそれほど出題パターンはなく、せいぜい光を当てられるものが変わるぐらいです。これについては理屈はあまりなく、そういった経験のあるなしを確かめている問題だと考えてください。常識の問題などと同じで、そういった経験をお子さまにさせておくことが大事、ということになります。

【おすすめ問題集】

新口頭試問・個別テスト問題集、新ノンペーパーテスト問題集、

Ｊｒ・ウォッチャー11「いろいろな仲間」、12「日常生活」

問題47　分野：推理（座標の移動）

〈解答〉 下図参照

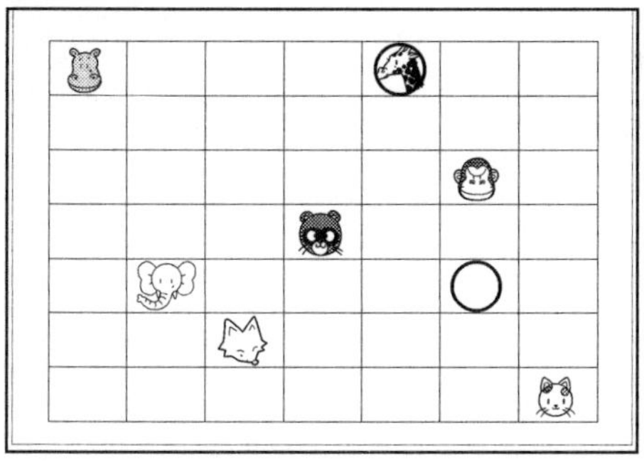

座標やその移動に関する問題です。上下左右がわかり、数が数えられれば答えられるのでそれほど難しいものではありません。それでも出題されるのはお子さまにとって上下はともかく、左右については混乱するからでしょう。前問の迷路でもそうですが、基準になるものの位置や方向が変わってしまうと途端によくわからなくなってしまうのです。これにはその変化をイメージして、そこから見た上下左右を考えるしかありません。大人にとっては簡単なことかもしれませんが、お子さまにはイメージのなかで位置や方向を変えるのはかなり難しいことです。同じことは図形の問題にも言えるますから、こういった分野の問題は練習をしてそういった感覚を付けていくことが大切になってきます。

【おすすめ問題集】

Ｊｒ・ウォッチャー47「座標の移動」

問題48　分野：行動観察

行動観察の問題ですが、①は準備体操のようなもので、特に注意するべきことはありません。指示をよく聞いてそのとおりに実行すればよいでしょう。②も花束を作るという課題ですが、複雑な作業ではないので指示が守れていればそれでよいと思います。つまり、どちらも準備が必要ないものですが、こうした課題で気を付けたいのは、指示以外のことをよかれと思って「工夫」してしまうことです。制作にしてもそうですが、「こっちの方がよいと思ったので～した」というのはたいていの場合、「指示を守っていない」ということでよい印象を与えません。ふだんからそういったことをしてしまう傾向のあるお子さまには、試験の場では我慢するように言っておきましょう。

【おすすめ問題集】

新 運動テスト問題集、Ｊｒ・ウォッチャー28「運動」

Ｊｒ・ウォッチャー12「日常生活」、25「生活巧緻性」

関西大学初等部　専用注文書

年　　月　　日

合格のための問題集ベスト・セレクション

＊入試頻出分野ベスト３

1st　常　識　知　識　公　衆

2nd　推　理　思考力　観察力

3rd　言　語　語　彙　知　識

幅広い分野の出題が多く、難問ぞろいですが、日常生活に近い知識を問うものなので、ふだんのくらしの中で身に付けられるものではあります。特徴的な出題が多いので対策は必須です。

分野	書　名	価格(税込)	注文	分野	書　名	価格(税込)	注文
図形	Ｊｒ・ウォッチャー 3「パズル」	1,650 円	冊	観察	Ｊｒ・ウォッチャー 29「行動観察」	1,650 円	冊
推理	Ｊｒ・ウォッチャー 6「系列」	1,650 円	冊	推理	Ｊｒ・ウォッチャー 33「シーソー」	1,650 円	冊
図形	Ｊｒ・ウォッチャー 7「迷路」	1,650 円	冊	常識	Ｊｒ・ウォッチャー 34「季節」	1,650 円	冊
図形	Ｊｒ・ウォッチャー 10「四方からの観察」	1,650 円	冊	数量	Ｊｒ・ウォッチャー 38「たし算・ひき算 1」	1,650 円	冊
常識	Ｊｒ・ウォッチャー 11「いろいろな仲間」	1,650 円	冊	数量	Ｊｒ・ウォッチャー 39「たし算・ひき算 2」	1,650 円	冊
常識	Ｊｒ・ウォッチャー 12「日常生活」	1,650 円	冊	図形	Ｊｒ・ウォッチャー 47「座標の移動」	1,650 円	冊
常識	Ｊｒ・ウォッチャー 13「時間の流れ」	1,650 円	冊	図形	Ｊｒ・ウォッチャー 48「鏡図形」	1,650 円	冊
数量	Ｊｒ・ウォッチャー 14「数える」	1,650 円	冊	図形	Ｊｒ・ウォッチャー 54「図形の構成」	1,650 円	冊
数量	Ｊｒ・ウォッチャー 15「比較」	1,650 円	冊	常識	Ｊｒ・ウォッチャー 55「理科②」	1,650 円	冊
数量	Ｊｒ・ウォッチャー 16「積み木」	1,650 円	冊	推理	Ｊｒ・ウォッチャー 58「比較②」	1,650 円	冊
言語	Ｊｒ・ウォッチャー 17「言葉の音遊び」	1,650 円	冊	言語	Ｊｒ・ウォッチャー 60「言葉の音（おん）」	1,650 円	冊
言語	Ｊｒ・ウォッチャー 18「いろいろな言葉」	1,650 円	冊		1話5分の読み聞かせお話集①・②	1,980 円	各　冊
記憶	Ｊｒ・ウォッチャー 19「お話の記憶」	1,650 円	冊		お話の記憶 初級編	2,860 円	冊
常識	Ｊｒ・ウォッチャー 27「理科」	1,650 円	冊		お話の記憶 中級編	2,200 円	冊

合計	冊	円

(フリガナ) 氏　名	電　話	
	ＦＡＸ	
	E-mail	
住　所　〒　　　－	以前にご注文されたことはございますか。	
	有　・　無	

★お近くの書店、または記載の電話・FAX・ホームページにてご注文をお受けしております。
　電話：03-5261-8951　FAX：03-5261-8953　代金は書籍合計金額＋送料がかかります。
　※なお、落丁・乱丁以外の理由による商品の返品・交換には応じかねます。

★ご記入頂いた個人に関する情報は、当社にて厳重に管理致します。なお、ご購入の商品発送の他に、当社発行の書籍案内、書籍に関する調査に使用させて頂く場合がございますので、予めご了承ください。

日本学習図書株式会社
http://www.nichigaku.jp

図書カード 1000 円分プレゼント

ご記入日　令和　　年　　月　　日

☆国・私立小学校受験アンケート☆

※可能な範囲でご記入下さい。選択肢は○で囲んで下さい。

〈小学校名〉＿＿＿＿＿＿＿＿＿＿＿＿　〈お子さまの性別〉男・女　〈誕生月〉＿＿月

〈その他の受験校〉（複数回答可）＿＿＿＿＿＿＿＿＿＿＿＿＿＿＿＿

〈受験日〉①：＿＿月＿＿日　〈時間〉＿＿時＿＿分　～　＿＿時＿＿分

②：＿＿月＿＿日　〈時間〉＿＿時＿＿分　～　＿＿時＿＿分

〈受験者数〉　男女計＿＿名　（男子＿＿名　女子＿＿名）

〈お子さまの服装〉＿＿＿＿＿＿＿＿＿＿＿＿＿＿＿＿

〈入試全体の流れ〉（記入例）準備体操→行動観察→ペーパーテスト

＿＿＿＿＿＿＿＿＿＿＿＿＿＿＿＿＿＿＿＿＿＿＿＿

Eメールによる情報提供

日本学習図書では、Eメールでも入試情報を募集しております。

下記のアドレスに、アンケートの内容をご入力の上、メールをお送り下さい。

ojuken@nichigaku.jp

●行動観察　（例）好きなおもちゃで遊ぶ・グループで協力するゲームなど

〈実施日〉＿＿月＿＿日　〈時間〉＿＿時＿＿分　～　＿＿時＿＿分　〈着替え〉□有　□無

〈出題方法〉　□肉声　□録音　□その他（　　　　　　）　〈お手本〉□有　□無

〈試験形態〉　□個別　□集団（　　　人程度）

〈内容〉

□自由遊び

＿＿＿＿＿＿＿＿＿＿＿＿＿＿＿＿＿＿＿＿

□グループ活動

＿＿＿＿＿＿＿＿＿＿＿＿＿＿＿＿＿＿＿＿

□その他

＿＿＿＿＿＿＿＿＿＿＿＿＿＿＿＿＿＿＿＿

〈会場図〉

●運動テスト（有・無）　（例）跳び箱・チームでの競争など

〈実施日〉＿＿月＿＿日　〈時間〉＿＿時＿＿分　～　＿＿時＿＿分　〈着替え〉□有　□無

〈出題方法〉　□肉声　□録音　□その他（　　　　　　）　〈お手本〉□有　□無

〈試験形態〉　□個別　□集団（　　　人程度）

〈内容〉

□サーキット運動

□走り　□跳び箱　□平均台　□ゴム跳び

□マット運動　□ボール運動　□なわ跳び

□クマ歩き

□グループ活動＿＿＿＿＿＿＿＿＿＿＿＿＿＿＿＿

□その他＿＿＿＿＿＿＿＿＿＿＿＿＿＿＿＿＿＿

〈会場図〉

●知能テスト・口頭試問

〈実施日〉 ＿＿月＿＿日 〈時間〉 ＿＿時＿＿分 ～ ＿＿時＿＿分 〈お手本〉 □有 □無

〈出題方法〉 □肉声 □録音 □その他（　　　　　） 〈問題数〉 ＿＿枚 ＿＿問

分野	方法	内　　容	詳　細・イ　ラ　ス　ト
（例） お話の記憶	☑筆記 □口頭	動物たちが待ち合わせをする話	（あらすじ） 動物たちが待ち合わせをした。最初にウサギさんが来た。次にイヌくんが、その次にネコさんが来た。最後にタヌキくんが来た。 （問題・イラスト） 3番目に来た動物は誰か 
お話の記憶	□筆記 □口頭		（あらすじ） （問題・イラスト）
図形	□筆記 □口頭		
言語	□筆記 □口頭		
常識	□筆記 □口頭		
数量	□筆記 □口頭		
推理	□筆記 □口頭		
その他	□筆記 □口頭		

●制作　（例）ぬり絵・お絵かき・工作遊びなど

〈実施日〉＿＿月＿＿日〈時間〉＿＿時＿＿分＿＿〜＿＿時＿＿分

〈出題方法〉□肉声 □録音 □その他（　　　　　　）〈お手本〉□有 □無

〈試験形態〉□個別 □集団（　　　　人程度）

材料・道具	制作内容
□ハサミ	□切る □貼る □塗る □ちぎる □結ぶ □描く □その他（　　　　）
□のり（□つぼ □液体 □スティック）	タイトル：＿＿＿＿＿＿＿＿＿＿
□セロハンテープ	
□鉛筆 □クレヨン（　色）	
□クーピーペン（　色）	
□サインペン（　色）□	
□画用紙（□ A4 □ B4 □ A3	
□その他：　　　　）	
□折り紙 □新聞紙 □粘土	
□その他（　　　　）	

●面接

〈実施日〉＿＿月＿＿日〈時間〉＿＿時＿＿分＿＿〜＿＿時＿＿分〈面接担当者〉＿＿名

〈試験形態〉□志願者のみ（　　）名 □保護者のみ □親子同時 □親子別々

〈質問内容〉

□志望動機　□お子さまの様子

□家庭の教育方針

□志望校についての知識・理解

□その他（　　　　　　　　　　）

（ 詳　細 ）

・

・

・

・

※試験会場の様子をご記入下さい。

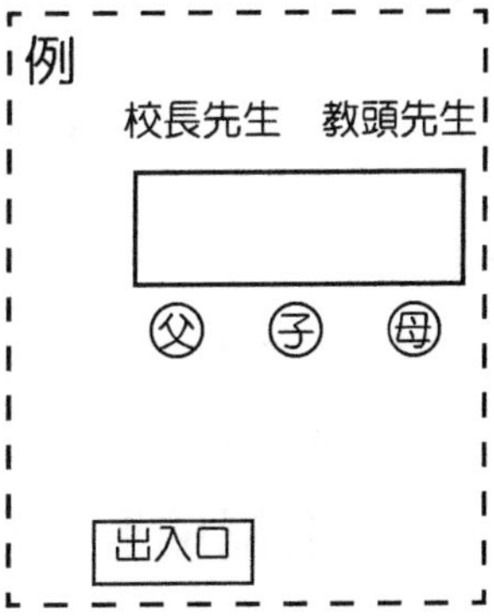

●保護者作文・アンケートの提出（有・無）

〈提出日〉□面接直前 □出願時 □志願者考査中 □その他（　　　　　　　　）

〈下書き〉□有 □無

〈アンケート内容〉

（記入例）当校を志望した理由はなんですか（150字）

●説明会（□有　□無）〈開催日〉　　月　　日〈時間〉　　時　　分　～　　時　　分

〈上履き〉□要　□不要　〈願書配布〉□有　□無　〈校舎見学〉□有　□無

〈ご感想〉

●参加された学校行事（複数回答可）

公開授業〈開催日〉　　月　　日〈時間〉　　時　　分　～　　時　　分

運動会など〈開催日〉　　月　　日〈時間〉　　時　　分　～　　時　　分

学習発表会・音楽会など〈開催日〉　　月　　日〈時間〉　　時　　分　～　　時　　分

〈ご感想〉

※是非参加したほうがよいと感じた行事について

●受験を終えてのご感想、今後受験される方へのアドバイス

※対策学習（重点的に学習しておいた方がよい分野）、当日準備しておいたほうがよい物など

＊＊＊＊＊＊＊＊＊＊＊＊　ご記入ありがとうございました　＊＊＊＊＊＊＊＊＊＊＊＊

必要事項をご記入の上、ポストにご投函ください。

なお、本アンケートの送付期限は入試終了後３ヶ月とさせていただきます。また、入試に関する情報の記入量が当社の基準に満たない場合、謝礼の送付ができないことがございます。あらかじめご了承ください。

ご住所：〒

お名前：　　　　　　　メール：

ＴＥＬ：　　　　　　　ＦＡＸ：

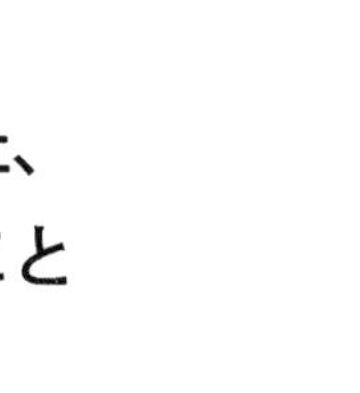

ご記入頂いた個人に関する情報は、当社にて厳重に管理致します。弊社の個人情報取り扱いに関する詳細は、www.nichigaku.jp/policy.php の「個人情報の取り扱い」をご覧下さい。

分野別 小学入試練習帳 ジュニアウォッチャー

1. 点・線図形	小学校入試で出題頻度の高い『点・線図形』の模写を、難易度の低いものから段階別に幅広く練習することができるように構成。
2. 座標	図形の位置模写という作業を、難易度の低いものから段階別に練習できるように構成。
3. パズル	様々なパズルの問題を難易度の低いものから段階別に練習できるように構成。
4. 同図形探し	小学校入試で出題頻度の高い、同図形選びの問題を繰り返し練習できるように構成。
5. 回転・展開	図形などを回転、または展開したとき、形がどのように変化するかを学習し、理解を深められるように構成。
6. 系列	数、図形などの様々な系列問題を、難易度の低いものから段階別に練習できるように構成。
7. 迷路	迷路の問題を繰り返し練習できるように構成。
8. 対称	対称に関する問題を４つのテーマに分類し、各テーマごとに問題を段階別に練習できるように構成。
9. 合成	図形の合成に関する問題を、難易度の低いものから段階別に練習できるように構成。
10. 四方からの観察	もの（立体）を様々な角度から見て、どのように見えるかを推理する問題を段階別に整理し、１つの形式で複数の問題を練習できるように構成。
11. いろいろな仲間	ものや動物、植物の共通点を見つけ、分類していく問題を中心に構成。
12. 日常生活	日常生活における様々な問題を６つのテーマに分類し、各テーマごとに一つの問題形式で複数の問題を練習できるように構成。
13. 時間の流れ	『時間』に着目し、様々なものごとは、時間が経過するとどのように変化するのかということを学習し、理解できるように構成。
14. 数える	様々なものを『数える』ことから、数の多少の判定やかけ算、わり算の基礎までを練習できるように構成。
15. 比較	比較に関する問題を５つのテーマ（数、高さ、長さ、量、重さ）に分類し、各テーマごとに問題を段階別に練習できるように構成。
16. 積み木	数える対象を積み木に限定した問題集。
17. 言葉の音遊び	言葉の音に関する問題を５つのテーマに分類し、各テーマごとに問題を段階別に練習できるように構成。
18. いろいろな言葉	表現力をより豊かにするいろいろな言葉として、擬態語や擬声語、同音異義語、反意語、数詞を取り上げた問題集。
19. お話の記憶	お話を聴いてその内容を記憶、理解し、設問に答える形式の問題集。
20. 見る記憶・聴く記憶	「見て憶える」「聴いて憶える」という『記憶』分野に特化した問題集。
21. お話作り	いくつかの絵を元にしてお話を作る練習をして、想像力を養うことができるように構成。
22. 想像画	描かれてある形や景色に好きな絵を描くことにより、想像力を養うことができるように構成。
23. 切る・貼る・塗る	小学校入試で出題頻度の高い、はさみやのりなどを用いた巧緻性の問題を繰り返し練習できるように構成。
24• 絵画	小学校入試で出題頻度の高い、お絵かきやぬり絵などクレヨンやクーピーペンを用いた巧緻性の問題を繰り返し練習できるように構成。
25. 生活巧緻性	小学校入試で出題頻度の高い日常生活の様々な場面における巧緻性の問題集。
26. 文字・数字	ひらがなの清音、濁音、拗音、拗長音、促音と１～20までの数字に焦点を絞り、練習できるように構成。
27. 理科	小学校入試で出題頻度が高くなりつつある理科の問題を集めた問題集。
28. 運動	出題頻度の高い運動問題を種目別に分けて構成。
29. 行動観察	項目ごとに問題提起をし、「このような時はどうか、あるいはどう対処するのか」の観点から問いかける形式の問題集。
30. 生活習慣	学校から家庭に提起された問題と思って、一問一問絵を見ながら話し合い、考える形式の問題集。
31. 推理思考	数、量、言語、常識（含理科、一般）など、諸々のジャンルから問題を構成し、近年の小学校入試問題傾向に沿って構成。
32. ブラックボックス	箱や筒の中を通ると、どのようなお約束でどのように変化するかを推理・思考する問題集。
33. シーソー	重さの違うものをシーソーに乗せた時どちらに傾くのか、またどうすればシーソーは釣り合うのかを思考する基礎的な問題集。
34. 季節	様々な行事や植物などを季節別に分類できるように知識をつける問題集。
35. 重ね図形	小学校入試で頻繁に出題されている「図形を重ね合わせてできる形」についての問題を集めました。
36. 同数発見	様々な物を数え「同じ数」を発見し、数の多少の判断や数の認識の基礎を学べるように構成した問題集。
37. 選んで数える	数の学習の基本となる、いろいろなものの数を正しく数える学習を行う問題集。
38. たし算・ひき算１	数字を使わず、たし算とひき算の基礎を身につけるための問題集。
39. たし算・ひき算２	数字を使わず、たし算とひき算の基礎を身につけるための問題集。
40. 数を分ける	数を等しく分ける問題です。等しく分けたときに余りが出るものもあります。
41. 数の構成	ある数がどのような数で構成されているか学んでいきます。
42. 一対多の対応	一対一の対応から、一対多の対応まで、かけ算の考え方の基礎学習を行います。
43. 数のやりとり	あげたり、もらったり、数の変化をしっかりと学びます。
44. 見えない数	指定された条件から数を導き出します。
45. 図形分割	図形の分割に関する問題集。パズルや合成の分野にも通じる様々な問題を集めました。
46. 回転図形	「回転図形」に関する問題集。やさしい問題から始め、いくつかの代表的なパターンから、段階を踏んで学習できるよう編集されています。
47. 座標の移動	「マス目の指示通りに移動する問題」と「指示された数だけ移動する問題」を収録。
48. 鏡図形	鏡で左右反転させた時の見え方を考えます。平面図形から立体図形、文字、絵まで。
49. しりとり	すべての学習の基礎となる「言葉」を学ぶこと、特に「語彙」を増やすことに重点をおき、さまざまなタイプの「しりとり」問題を集めました。
50. 観覧車	観覧車やメリーゴーラウンドなどを舞台にした「回転系列」の問題集。「推理思考」分野の問題ですが、要素として「図形」や「数量」も含みます。
51. 運筆①	鉛筆の持ち方を学び、点線なぞり、お手本を見ながらの模写で、線を引く練習をします。
52. 運筆②	運筆①からさらに発展し、「欠所補完」や「迷路」などを楽しみながら、より複雑な鉛筆運びを習得することを目指します。
53. 四方からの観察 積み木編	積み木を使用した「四方からの観察」に関する問題を練習できるように構成。
54. 図形の構成	見本の図形がどのような部分によって形づくられているかを考えます。
55. 理科②	理科的知識に関する問題を集中して練習する「常識」分野の問題集。
56. マナーとルール	道路や駅、公共の場でのマナー、安全や衛生に関する常識を学べるように構成。
57. 置き換え	さまざまな具体的・抽象的事象を記号で表す「置き換え」の問題を扱います。
58. 比較②	長さ・高さ・体積・数などを数学的な知識を使わず、論理的に推測する「比較」の問題を練習できるように構成。
59. 欠所補完	線と線のつながり、欠けた絵に当てはまるものなどを求める「欠所補完」に取り組める問題集です。
60. 言葉の音（おん）	しりとり、決まった順番の音をつなげるなど、「言葉の音」に関する問題に取り組める練習問題集です。

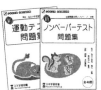

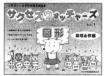

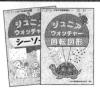

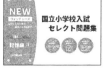

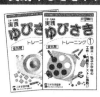

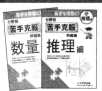

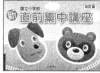

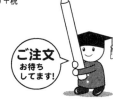

家庭学習をトータルサポート！ ニチガクのオリジナル 効果的 学習法

1 まずはアドバイスページを読む！

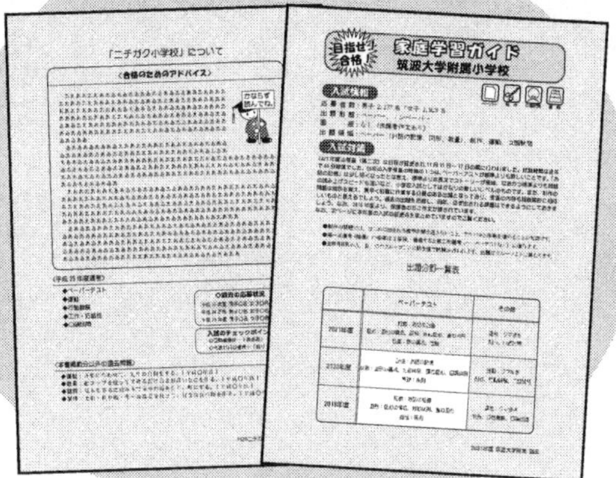

ピンク色です

対策や試験ポイントがぎっしりつまった「家庭学習ガイド」。分野アイコンで、試験の傾向をおさえよう！

2 問題をすべて読み、出題傾向を把握する

3 「学習のポイント」で学校側の観点や問題の解説を熟読

4 はじめて過去問題にチャレンジ！

5 プラスα 対策問題集や類題で力を付ける

過去問のこだわり

最新問題は問題ページ、イラストページ、解答・解説ページが独立しており、お子さまにすぐに取り掛かっていただける作りになっています。

ニチガクの学校別問題集ならではの、学習法を含めたアドバイスを利用して効率のよい家庭学習を進めてください。

各問題のジャンル

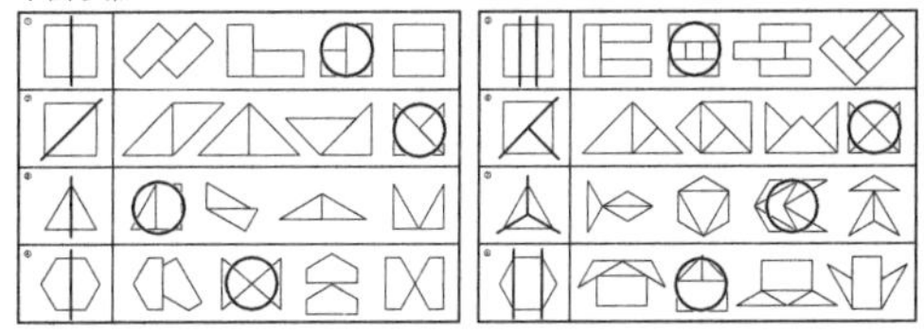

問題7　分野：図形（図形の構成）　Aグループ男子

〈解 答〉　下図参照

図形の構成の問題です。解答時間が圧倒的に短いので、直感的に答えないと全問答えることはできないでしょう。例年ほど難しい問題ではないので、ある程度準備をしたお子さまなら可能のはずです。注意すべきなのはケアレスミスで、「できないものはどれですか」と聞かれているのに、できるものに○をしたりしてはおしまいです。こういった問題では基礎とも言える問題なので、もしわからなかった場合は基礎問題を分野別の問題集などでおさらいしておきましょう。

【おすすめ問題集】
★筑波大附属小学校図形攻略問題集①②★（書店では販売しておりません）
Jr・ウォッチャー9「合成」、54「図形の構成」

学習のポイント

各問題の解説や学校の観点、指導のポイントなどを教えます。
今日から保護者の方が家庭学習の先生に！

おすすめ対策問題集

分野ごとに対策問題集をご紹介。苦手分野の克服に最適です！
＊専用注文書付き。

2023年度版　追手門学院小学校
関西大学初等部　過去問題集

発行日　2022年8月25日
発行所　〒162-0821　東京都新宿区津久戸町 3-11-9F
日本学習図書株式会社
電　話　03-5261-8951 ㈹